Türkiye

DOST
kitabevi

ISBN 975-298-038-4
Türçede birinci baskı Kasım 2002
Dost Kitabevi Yayınları
Karanfil Sokak 29/4, Kızılay 06650, Ankara

DOST

İmtiyaz Sahibi Erdal Akalın
Yayın Koordinatörü Ali Karabayram
Editör Fisun Demir

Çeviren Özge Özbek

Sayfa düzenleme ve dizin Songül Güven
Teknik Sorumlu Mehmet Dirican
Renkayrımı Çözüm Tanıtım, Ankara
Baskı Pelin Ofset, Ankara

Berlitz

Metin Stephen Brewer
Editör Media Content Marketing, Inc.
Fotoğraflar Pete Bennett (49, 51, 57 sayfalar Fred Mawer, Neil Wilson)
Kapak Fotoğrafı Pete Bennett
Haritalar Raffaele De gennaro
Sayfa düzenleme Media Content Marketing, Inc.
İdari Editör Tony Halliday

İÇİNDEKİLER

☛ işareti mutlaka görmeniz gereken yerleri belirtir.

Türkiye

TÜRKİYE'NİN GİZLİ KALMIŞ KÖŞELERİ

Türkiye'yi gezerken, yanından geçtiğiniz her kapının ardında ya da her sokağın dönemecinde bilinmeyen, büyüleyici bir şeylerin yaşanmakta olduğunu hissedersiniz. Dünya coğrafyasının bu kısmını şekillendiren tarihin kökenleri ve zenginliği göz önünde bulundurulursa, bu hiç de şaşırtıcı değildir. O yüzden hisleriniz sizi asla yanıltmayacaktır.

İstanbul'da Mısır Çarşısı'nın denize bakan girişinin hemen yanındaki merdivenleri tırmanırsanız kendinizi küçük bir cami olan Rüstem Paşa'nın içinde buluverirsiniz. Turistlerin genellikle gözden kaçırdıkları bu cami, Osmanlının büyük mimarı Sinan'ın eseridir ve muhteşem İznik seramikleriyle süslüdür. Akdeniz Kıyısı'nda yer alan Termessos'a ulaşmak için, dimdik eğimi ve üzerinde "Dur!" yazan uyarı tabelası hariç kolay kolay göze çarpmayan dağ patikasını tırmanın. Karşınıza dik bir kayalığın sınırlarına kadar yaslanan muhteşem bir tiyatro çıkar. Bursa'ya giderseniz kendinizi bedestenin (kapalıçarşı) dar geçitlerinde dolaşmanın dayanılmaz cazibesine bırakın—bu çarşılar Türkiye'nin büyük küçük bütün kasabalarında vardır. Dağın eteğinde yer alan camiler ve çay bahçeleriyle dolu bu yemyeşil kente Temmuz ve Eylül aylarında gidecek olursanız, çarşının tam ortasındaki Koza Hanı kozalarla dolup taşarken görebilirsiniz, bu kozalardan şehrin ünlü ipekleri üretilir.

Türkiye'nin böylesi güzel sürprizlerinden söz edilmeye (ve aranıp bulunmaya) değer diğerleri ise Patara, Olympos, Side ve Phaselis plajlarıdır. Ilık Akdeniz sularında yüzerken başınızı karadan tarafa çevirin. Kıyıda bir zamanların büyük antik kentlerinin kalıntıları uzanmaktadır; tapınak harabeleri, bir tahıl ambarı ya da fundalıkların ortasında yükselen bir hamam kompleksi gibi... Ayrıca Kekova Boğazı'nın ışıl ışıl sularından süzülüp giden teknenin altında yatan Roma mozaiklerini ve sütunlarını izlemek de kelimelerle anlatılamayacak bir hazdır.

Aslında Türkiye, ne yazık ki çoğu koparabileceğini koparmak ve yağmalamak niyetinde olan ziyaretçi çılgınlığını önleyememiştir. Ulusun zenginliğini tanımak için Antik Çağlardan beri kullanılmakta olan yolları aşındırmanız yeterli olacaktır.

İstanbul manzarasının bildik unsurlarından cami kubbelerinin, minarelerin, sokak satıcılarının, işlek suyollarının, sarayların ve diğer pek çok egzotik görüntünün arasında büyülenmemek olanaksızdır. Böylesi bir manzarayı eksiksiz bir şekilde görmek isterseniz, güneş batarken Galata Köprüsü'ne çıkın ya da Haliç'i veya boğazı geçen feribotlardan birinin güvertesinde yerinizi alın. Hem iki kıtayı birbirine bağlayan hem de binyıllarca varlığını sürdürmüş olan efsanevi bir şehirde bulunmanın verdiği heyecan, İstanbul ziyaretçilerinin en büyük ödülüdür.

Gökdelenler kadar minarelerin de kentin modern siluetini oluşturduğu İstanbul'un çılgın trafiğinden

Kadınların eğirdiği bu yün iplikler daha sonra harika kilimlere dönüşecek.

Kaleköy'de satılan değerli kilim ve halılar.

kaçmak için çeşmelerin insan ruhuna huzur verdiği harem avlularına sığınabilirsiniz. Doğu'nun Batı'yla buluşmasından doğan, şaşaalı Bizans döneminden beri herkesi büyüleyegelmiş bu olağanüstü manzaranın seyrine doyamayacaksınız.

Taksim ya da Eminönü'nün kalabalık sokaklarına dalın ve sadece etrafınızı izleyin. Çevrenizde dönüp duran bu girdap, en basit haliyle Türkiye'nin genel durumu olarak özetlenebilir. Gecekondularla altyapısız bir şekilde büyüyen ve iş bulmak için ülkenin diğer bölgelerinden yılda yaklaşık yarım milyon insanın gelmesiyle giderek kalabalıklaşan İstanbul'un nüfusu 12 milyondan fazladır. Ülke her ne kadar ekonomik büyüme için yüzünü Batı'ya dönse de geleneklere ve İslam dinine bağlılık son derece önemlidir; bu çelişkinin izlerini günlük yaşamda da görmek mümkündür. Müezzinin sesi arabaların kornaları ve horozların ötüşüne karışırken, yollarda batı modasının en son örnekleriyle simsiyah çarşaflı kadınları aynı anda görebilirsiniz. İstanbul'daki ticaret hayatının değişmez bir parçası olan pazarlık ritüelinin hedefi bazen bir cep telefonu bazen de bir kese safran ya da bir kilim olabilir – er ya da geç siz de bir alıcı olarak bu pazarlıklara girişeceksiniz.

Ülkenin en kalabalık şehrinden sonra Ege ve Akdeniz kıyılarının antik yollarına düşmenin vakti gelir. Zamanında Büyük İskender gibi fatihleri büyüleyen, eski güzelliklerini tam anlamıyla koruyamamış ancak hâlâ etkileyici olan şehirler varlıklarını sürdürmektedir. Efsanelere konu olmuş Troya, tepelerde yer alan Assos, uğultulu Bergama (Pergamon), mermer sütunlu Efes, antik dünyanın birçok önemli şehrini kapsayan Ege güzergâhının başlıca duraklarıdır.

Kıyı boyunca dağınık bir şekilde yer alan antik kalıntıların hepsini de gördüyseniz Bodrum'dan doğuya dönün – ama önce ülkenin bu en popüler beldesinde birkaç gün keyif çatabilirsiniz. Önünüzde uzanan Akdeniz kıyısı da Likyalılar ve çoktan yeryüzünden silinmiş olan diğer medeniyetlerin inşa ettiği antik kentlerin (Kaunos, Ksanthos, Myra, Aspendos) kalıntılarına ev sahipliği yapmaktadır. Bu antik kentler ve buralarda bir zamanlar yaşamış olan insanlar hakkında bilgiye sahip değilseniz, buralara yapacağınız gezi daha bir heyecan verici olacaktır.

Bütün gördüklerinizi tarihsel bir çerçeveye oturtmak için güzel Antalya şehrinde bir mola verip arkeolojik bulguların sergilendiği göz alıcı eserlere ev sahipliği yapan müzeyi gezin. Tarihin derinliklerinden modern hayata geri dönmek isterseniz Antalya'nın eski limanı, dükkân ve kafelerle dolu labirent gibi sokaklarla örülüdür. Yakınlarda bulunan İstuzu, Ölüdeniz ve Patara plajlarına karayolundan ayrılıp kolaylıkla ulaşabilirsiniz. Karayolundan devam ederseniz karşınıza iki güzel kasaba olan Kalkan ve Kaş çıkar. Burada salkım söğütlerin altında serin bir içecek yudumlamak kadar keyifli bir şey yoktur. Ayrıca, Likyalılardan kalma anıt-mezar son derece etkileyicidir.

İç Anadolu'da ise Kapadokya sizi beklemektedir. Mistik bir atmosferin hâkim olduğu bu büyüleyici yer, volkanik patlamalar sonucunda koni şeklindeki peribacalarının oluşmasıyla ortaya çıkmıştır. Yıllar boyunca Kapadokyalılar da, yumuşak tüf tabakasını kazıp kiliseleri, manastırları, hatta kocaman şehirleri gün ışığına çıkarmışlar ve bu jeolojik yapıya kendi katkılarını yapmışlardır. Nehir boyunca yetişen

İS ikinci yüzyıldan kalma Hadrianus tapınağının
kemerini bekleyen Korint sütunlar.

küçük korulukların arasından dolanan patikayı izleyin ve önünüze çıkan merdivenden tırmanın; kendinizi sekizinci yüzyıldan kalma benzersiz fresklerle bezenmiş küçük bir kilisenin içinde bulacaksınız. Her gezginin rüyasını süsleyen bu sürpriz deneyimler, ülkenin geri kalanında sizi bekleyen gizemli keşiflerin de bir habercisidir. Semazenlerin yetiştiği Mevlevi tarikatının doğduğu, bir zamanların Selçuklu başkenti olan Konya'ya gitmek için de bir başka İç Anadolu güzergâlına sapmanız gerekir.

Şimdiye kadar genel olarak bahsedilen yerler, izleyen sayfalarda ayrıntılarıyla anlatılacaktır. Doğu bölgesinin acımasız fakat nefes kesici coğrafyası, Karadeniz güzergâhları ve Atatürk'ün 1923 yılında cumhurbaşkanı olduğu zaman yeni Türkiye Cumhuriyeti'nin başkenti yaptığı Ankara'nın modern çehresi kitabımızın kapsamı dışındadır. Ancak İstanbul, Ege ve Akdeniz kıyıları ile Kapadokya yolculuklarının, en ateşli gezginleri bile tatmin edip keşfedilmemiş bölgelere yönlendireceğinden eminiz.

TARİH

Mitoloji ile gerçek tarihin karışımı olan söylenceye göre 3.000 yıldan uzun bir zaman önce, Yunanlı bir asker olan Odysseus Troya'nın çok iyi korunan kapısına, kralın oğlu Paris'e hediye edilmek üzere tahta bir at bırakır. Bu öykünün geri kalanı, bilindiği gibi, klasik batı edebiyatının en önemli destanlarından biri olan *İlyada*'da anlatılmaktadır. Karanlığın yardımıyla tahta atın içine saklanmış olan askerler çıkar, şehri ele geçirerek Spartalıların kraliçesi Helena'yı kurtarırlar. Troya'dan biraz kuzeyde yer alan Gelibolu'nun geçmişi ise ne yazık ki fazlasıyla trajiktir; I. Dünya Savaşı'nın 1915 baharında burada her yaştan 240.000'i aşkın asker hayatını kaybetmiştir. Ege kıyısının güneyine inerseniz antik dünyanın bilginlerini buraya çeken Bergama ve Efes'te bulunan büyük kitaplıklardan günümüze kalanları görebilirsiniz. Bugünkü adıyla İstanbul dahil Konya ve Edirne'de sırasıyla Bizanslılar, Selçuklular ve Osmanlılar, binyıllarca sürmesini diledikleri imparatorluklarını kurmuşlardır – fakat hiçbirinin bu rüyası gerçekleşmemiştir.

Tarihin böylesi ilginç olaylarının kıyılarına, ovalarına ve dağlarına işlendiği Türkiye aldatma, başarı, fetih ve zafer öyküleri bakımından çok zengindir; üstelik anlatılan olayların meydana geldiği yerlerin kalıntılarını bizzat görebilirsiniz. Türkiye, köklü geçmişi boyunca dünyanın en önemli merkezlerinden biri olmuştur.

Bu yüzden, tarihe yön veren belli başlı olayların yaşandığı, ama zamanın devinimi içerisinde erimiş binlerce etkinliği besleyen bu topraklarda dolaşan bir gezgin, bir yandan ne kadar şanslı olduğunu düşünürken bir yandan da huşuyla dolmaktan kendini alamaz. Assos'taki akropolise tırmanıp ciğerlerinizi rüzgârın nefis esintisiyle doldurabilir ve bir zamanlar Aristoteles'in yaptığı gibi Ege'nin dayanılmaz manzarasını seyredebilirsiniz; ya da Topkapı Sarayı'ndaki Harem salonlarına gidip Osmanlı sultanlarının ihtişam dolu yaşamlarına dair ipuçları arayabilirsiniz.

Efsanevi yıkıntıların ve büyük anıtların ardında, anlatılmamış yaşantıların ve tarihin sayfalarına geçirilmemiş olayların izleri vardır. Perge'de yeryüzünden silinip gitmiş at arabalarının bıraktığı izlerin üzerinden yürüyebilir, esnafın her gün gelip sıradan işlerini yaptığı dükkânları süsleyen mozaikleri inceleyebilirsiniz. Akdeniz Bölgesi'nin bir zamanlar en büyük krallığı olan Likya'nın Tlos ve Ksanthos gibi önemli şehirlerinden günümüze kalan kaya mezarlar kralların değil, günahları ve sevapları bugünün insanları için sonsuza dek birer sır olarak kalacak sıradan insanların kalıntılarına ev sahipliği yapmaktadır.

Likya kültürü, İÖ 800 civarında Akdeniz kıyısında gelişmeye başlamıştır.

Fatihler ve Fethedilenler

Anadolu topraklarına yaklaşık 9.000 yıl önce yerleşmiş olan Neolitik Çağın insanları, bu hareketli geçmişin ilk kahramanlarıdır. İÖ ikinci binyılda Kafkas dağlarını aşarak Orta

Anadolu'da güçlü bir kale kuran Hititler, Mısır ve Mezopotamya ile savaş halindedir; biraz önce adı geçen ve Yunanlıların egemenliği altında olan Troya ise bu sıralarda önem kazanmaktadır. Birbiriyle ilgisiz gibi görünen bu olaylar, Anadolu kültürünü şekillendiren fatihler ve fethedilenler arasındaki bitmek bilmez çatışmanın küçük parçalarıdır.

Kıyılar ve iç bölgeler, İÖ 8. yüzyılın başlarından beri sayısız ordu ve donanmanın işgaline tanık olmuştur. Dokunduğunu altına çevirdiği söylenen Kral Midas'ın hükümdarlığındaki Frigyalılar, Anadolu'nun içlerinde güçlenir; zarları ve madeni paraları icat eden ve bir tarihte zenginliği dillere destan olan Kroisos tarafından yönetilen Likyalılar ise, Ege kıyısı yakınlarındaki Sardes şehrine yerleşirler. Ege kıyısı boyunca Yunan kent-devletleri kurulur; bu kent-devletler İÖ 6. yüzyılda II. Kyros'un önderliğinde imparatorluklarını Anadolu'nun iç kısımlarına kadar genişleten Perslerin, İÖ 4.

Kapadokya'nın ilgi çekici jeolojik yapısı, ilk Hıristiyanlar için bir sığınak görevi yapmıştır.

yüzyılda ise Büyük İskender'in egemenliği altına girerler. İÖ 2. yüzyıla gelindiğinde Roma İmparatorluğu Anadolu'nun büyük bir bölümünü kendi topraklarına katar ve böylece diğer dönemlere kıyasla daha refah ve sakin *pax romana* başlar.

Akdeniz ve Ege kıyıları boyunca karşınıza çıkacak olan hamamlar, tiyatrolar ve anıtsal girişler, Roma yönetiminin savaşmaktan çok sosyal etkinliklere değer verdiğini kanıtlamaktadır.

İlk Hıristiyanlardan Anadolu Selçuklularına

Roma döneminde Anadolu topraklarında Hıristiyanlık kendini hissettirmeye başlar. Günümüz gezgininin imreneceği bir güzergâh izleyen

İnançlar ülkesi: Çalkantılı tarihi boyunca bu ülkede hem Hıristiyanlık hem de Müslümanlık gelişmiştir.

Aziz Paulus Alexandreia Troas, Assos, Ephesos (Efes), Patara, Myra ve Anadolu'nun diğer pek çok köşesinde vaazlar verir. İncilci Yahya, söylenceye göre Bakire Meryem ile birlikte Efes'e yerleşir. İlk Hıristiyanlara dair öykülerin büyük çoğunluğunun Kapadokya'da geçmesinin nedeni, her biri benzersiz bir etki yaratan 600'ü aşkın mağaranın bulunduğu bu yerin manastır hayatına ve basit yeraltı kiliselerinin yapımına son derece elverişli olmasıdır.

Önemli Tarihler

İÖ 6500	Neolitik Çağ insanları Konya civarına yerleşti.
İÖ 1250	Troya düştü.
İÖ 110	İlk Yunan yerleşimciler Ege kıyısına ulaştılar.
İÖ 800	Frigya, Likya ve Lidya kültürleri gelişmeye başladı.
İÖ 660	Şimdiki adıyla İstanbul olan Byzantion Yunan sömürgeciler tarafından kuruldu.
İÖ 546	Büyük Kyros egemenliğindeki Perslerin işgali.
İÖ 334	Büyük İskender Persleri egemenliği altına aldı.
İÖ 130	Romalılar Anadolu bölgesini oluşturdular.
İÖ 20-İS 180	*Pax Romana* ile refah dönemi başladı.
İS 40	Aziz Paulus Anadolu'da Hıristiyanlığı yaymaya başladı.
325	Hıristiyan Konsili Nikaia'da (İznik) toplandı.
330	Constantinus hükümdarlığındaki Byzantion, Konstantinopolis olarak adlandırıldı ve Doğu Roma İmparatorluğu'nun başkenti oldu.
527-565	İustinianus Ayasofya ile diğer Bizans anıtlarını yaptırdı.
1071-1283	Selçuklular imparatorluklarını kurdular.
	Haçlı orduları Konstantinopolis'i yağmaladı.
1243	Cengiz Han Selçuklu imparatorluğunu yakıp yıktı.
1326	Osman Bey, Osmanlı İmparatorluğu'nun temellerini Bursa'da attı.
1453	Fatih Sultan Mehmet Konstantinopolis'i alarak imparatorluğun başkenti yaptı.
1520-1566	Kanuni Sultan Süleyman Osmanlı İmparatorluğu'nu gücünün zirvesine ulaştırdı.
1571	İmparatorluğun ilk büyük yenilgisi, donanmanın İnebahtı Savaşı'nı kaybetmesiyle geldi.
1680-1775	Osmanlılar Avrupa'daki topraklarını kaybetmeye başladılar.

1832	Yunan Krallığı kuruldu.
1839-1876	Osmanlı İmparatorluğu'nda reform dönemi
1877	Jön Türkler, kısa ömürlü ilk meclisin (Mebusan Meclisi) kurulmasına önayak oldular.
1908	Anayasa ve Meclis yeniden kabul edildi.
1911-1913	Osmanlılar Balkan Savaşları'nda ellerindeki Avrupa topraklarını da kaybettiler.
1914-1918	Osmanlılar I. Dünya Savaşı'na Almanya'nın yanında girdiler.
1915	Osmanlılar Gelibolu'da İtilaf Devletleri'ni püskürttüler.
1920-1922	Yunan ordusu Türk sınırlarını geçmeye çalıştı fakat püskürtüldü.
1923	Lozan Anlaşması ile yeni Türkiye Cumhuriyeti kabul edildi; Türkiye ile Yunanistan arasında "azınlık" mübadelesi; Atatürk'ün cumhurbaşkanlığında cumhuriyet resmen ilan edildi.
1925-1938	Atatürk önderliğinde etkin bir modernleşme süreci yürütüldü.
1938	Atatürk hayatını kaybetti.
	Türkiye, Birleşmiş Milletler'e katıldı.
1950	Türkiye çok-partili demokratik sisteme geçti ancak halk arasındaki huzursuzluk ve askeri darbeler 1980'lere kadar devam etti.
1952	Türkiye NATO'ya katıldı.
1973	Avrupa ile Asya kıtalarını birbirine bağlayan Boğaziçi Köprüsü açıldı.
1974	Türkiye Kuzey Kıbrıs'a asker gönderdi.
1980'ler	PKK Türk hükümetine karşı gerilla savaşı başlattı.
Ağustos ve Kasım 1999	Ülkenin kuzeybatısında yaşanan depremde binlerce insan hayatını kaybetti.
2002	Seville zirvesinde Türkiye'nin Avrupa Birliği'ne üyelik müzakerelerine dair bir tarih belirtilmedi.

Ephesos'ta bulunan Celsus Kitaplığı, İS 2. yüzyılda
Roma İmparatorluğu döneminde inşa edilmiştir.

Dördüncü yüzyılın sonunda Hıristiyanlık, bu sırada artık bölünmüş olan Roma İmparatorluğu'nun resmi dini haline gelir. İmparatorluğun doğu yarısının merkezi Byzantion'dadır; şehir, imparatorun onuruna Konstantinopolis olarak adlandırılır. İlk Hıristiyan kilisesi, İsa'nın tanrısallığı gibi konularda ayrılıkçı tartışmaların çıkmasına sebep olur, ancak gerginlik Nikaia (bugün İznik) ve diğer konsillerde çözülmeye çalışılır. Byzantion, özellikle de Ayasofya gibi İstanbul'un göz kamaştırıcı simgelerini yaptıran Constantinus'un hükümdarlığı sırasında gelişir.

Bu sırada Bizans İmparatorluğu'nun zenginliğiyle yeni işgalciler ortaya çıkar. Bir yandan Normanlar, Avarlar, Bulgarlar ve haçlı orduları sınırları zorlarken diğer yandan, karada ve denizde ticaret yollarını ellerinde bulunduran Venedik ve Cenevizliler devletin hazinesine göz koyarlar.

11. yüzyılda, kökenlerini Asya bozkırlarında bırakıp Anadolu'ya akınlar düzenleyen Selçuklular, İslam dinini de beraberlerinde getirerek Bizans İmparatorluğu'nu çökertmeye başlarlar. 13. yüzyıl onların en parlak dönemine tanık olur; Konya'da bulunan sultanlığın verdiği yetkiyle Anadolu Selçukluları Bizans İmparatorluğu'ndan geriye kalanları da ellerine geçirirler. Selçukluların İpek Yolu ticareti dolayısıyla inşa ettikleri kervansaraylar (hanlar), köprüler ve yollar onlardan günümüze kalanlardır.

Osmanlıların Yükselişi

Selçukluların en önemli başarısı, dünya tarihinde gelmiş geçmiş en büyük imparatorluklardan biri olan Osmanlıların yükselişi için zemin hazırlamış olmalarıdır. İlk başkentlerini Bursa ve Edirne'de kuran Osmanlılar, izleyen yaklaşık altı yüzyıl boyunca Anadolu ile, Avrupa ve Afrika topraklarında hüküm sürecek olan imparatorluklarının temellerini atarlar. Yaklaşık iki yüzyıl boyunca tahta çıkan her padişah yeni yeni bölgelere ordusunu gönderir. 1453 yılında Fatih Sultan Mehmet Konstantinopolis'i ele geçirir; şehrin adını İstanbul olarak değiştirir ve Ayasofya'yı camiye dönüştürür. 1520 yılında ise I. Selim Filistin'i, Mısır'ı ve Suriye'yi imparatorluğa katar. 1520 ile 1566 yılları arasında Muhteşem olarak da bilinen Kanuni Sultan Süleyman, Kuzey Afrika'dan Irak'a, Balkanlar'dan Macaristan'a kadar sayısız fetihle sınırları iki kat genişletir. Süleyman'ın imparatorluk içindeki başarıları da aynı derecede etkileyicidir; bunu en iyi Süleymaniye Camisi'nde ve en parlak mimarı olan Sinan'ın yaptığı diğer görkemli camilerde görebiliriz.

Gerileme ve Çöküş

Osmanlıların imparatorluk içindeki ve dışındaki ihtişamından söz edince padişahların sürdükleri sefayı da göz ardı etmemek gerekir. Gerçekten de I. Süleyman'ın son yıllarında uzun askeri seferlerden ve yönetim işlerinden yorularak hareme çekilmesi yönetimde büyük bir boşluk doğurmuştur.

Üstelik Gerileme döneminde kişisel özellikleri de büyük ölçüde aşan bir unsur göze çarpar: Osmanlı devleti ile egemen sınıflar arasındaki genel kriz. Türk soylularının başkentten uzaklaşarak Güneydoğu Avrupa ve Anadolu'daki eski kuvvet merkezlerine çekilmeye zorlayan devşirmeler, sipahi tımarlarının da birçoğunu ele geçirerek kendi özel mülklerine dönüştürürler. Devşirmelerin sultan ve yönetim üzerinde denetim sağlaması ise yönetim kademelerinde yozlaşmanın, adam kayırma ve iltimasın alabildiğine yaygınlaşmasına yol açar.

Ve böylece Osmanlı İmparatorluğu yavaş yavaş çökmeye başlar. 1700'e gelindiğinde imparatorluk Avrupa'daki topraklarının çoğunu kaybetmiştir. 19. yüzyılda ise Yunanistan, Mısır ve Lübnan gibi, bir zamanlar bağımsızlıklarını ilan etmeyi ancak hayal edebilecek ülkeleri elinde tutacak gücü kalmaz. II. Mahmut'un aydınlanmacı reformlarına ve boğaz kıyılarına göz kamaştırıcı birçok sarayın yapılmasına rağmen son Osmanlı padişahı borçlara ve içeriden gelen baskıya yenik düşer. İçeriden gelen baskının başlıca kaynağı, İttihat ve Terakki Cemiyeti'ni kuran Jön Türkler'dir.

Padişah en sonunda reformları kabul etmek zorunda kalır. 1912-1913 yıllarındaki Balkan Savaşları ve Osmanlı'nın İttifak Devletleri ile taraf olduğu I. Dünya Savaşı'nın öncesinde imparatorluk, topraklarının önemli bir bölümünü kaybeder. 1915 baharında İtilaf güçleri Gelibolu'da püskürtülür fakat bu çatışmanın faturası çok yüksektir.

Bir Ulusun Doğuşu

İtilaf Devletleri Osmanlı İmparatorluğu'ndan geriye kalanları aralarında paylaşmaya kalkıp padişahlık döneminde kabul edilmiş olan Kapitülasyonlar'a dayanarak ülkeyi işgal edince Türkiye, bütün tarihi boyunca yaşadığı en sıkıntılı döneme girer. Mustafa Kemal, halkı bağımsızlık konusunda bilinçlendirmek üzere Kuva-yı Milliye hareketini başlatır ve bugünkü Türkiye'nin sınırlarını çizer. Türkiye Büyük Millet Meclisi 23 Nisan 1920'de toplanır. Kuva-yı Milliye'nin halkın büyük desteğini sağlamasına karşın İtilaf Devletleri, Türk topraklarını paylaşma planlarını sürdürmektedirler. Bu sırada Yunan ordusu Ege kıyısından doğuya ilerlemek amacıyla saldırıda bulunur fakat bunu başaramaz ve 19 Eylül 1922'de Yunanlılar İzmir'de denize dökülür.

Kasım ayında TBMM, padişahlığı kaldırır. 24 Temmuz 1923 tarihinde Lozan Anlaşması imzalanır ve Türkiye'nin önceden belirlenmiş olan sınırları bu uluslararası anlaşmayla kabul edilir.

Patara'daki tiyatro ve pek çok yerde rastlayabileceğiniz kalıntılar, Antik Çağın zengin Akdeniz limanına işaret etmektedir.

Büyük önder Atatük'ün 20. yüzyılın başlarında gerçekleştirdiği köklü devrimler, anıtlarıyla hatırlanmaktadır.

Yunan hükümetinin tutumuna bir karşılık olarak Yunanlı Hıristiyanlar Türkiye'den Yunanistan'a, Türk Müslümanlar da Yunanistan'dan Türkiye'ye gönderilir.

Atatürk soyadını alan Mustafa Kemal, yeni Türkiye Cumhuriyeti'nin cumhurbaşkanı olur ve en kısa zamanda yüzyıllardır süregiden gelenekleri değiştirmek üzere bir dizi devrim yapar. Çok-eşlilik yasadışı kabul edilir, latin alfabesi kabul edilerek eğitim seferberliğine girişilir, kadınların eğitimi zorunlu hale getirilir, fes ve türban yasaklanır, tarikatlar kapatılır. Müslümanların kullandığı hicrî takvim yerine miladi takvim kabul edilir. Kısacası Osmanlı İmparatorluğu'nun küllerinden modern ve çağdaş bir Türkiye Cumhuriyeti doğar.

Günümüz Türkiyesi

Türkiye yurt içinde düzenini sağladıktan sonra kendini, 20. yüzyılda, dünya ülkelerinin çekişmelerinin arasında bulur. Soğuk Savaş sırasında Batı bloğunda yerini almasıyla 1952 yılında NATO'ya üye olur. Türkiye'nin 1974 yılında Kıbrıs'a asker çıkarması, günümüzde de hissedilen ekonomik sonuçlara ve politik gerilimlere yol açmıştır. Avrupa Birliği'nden iki kez geri çevrilen Türkiye'nin bu isteği halen gündemdedir; 1999 yılından beri üye adayı olarak bu talebin gerçekleşmesi için uğraşılmaktadır.

İç işlerinde ise, çok-partili demokratik düzene geçilmesine karşın birçok askeri darbe yaşanmıştır. Özellikle son 20 yıl içinde önemli gelişmeler olduysa da, sanayi ve teknoloji alanındaki ilerlemeler beraberinde işsizliği ve enflasyonu da getirmiştir. Ekonomik büyüme ve gelişme için ülkenin Batı'yı örnek almasına karşın bazı kesimler geleneksel Müslüman değerlerine daha fazla bağlanmaktadır. Diğer yandan PKK, Türk devletine karşı gerilla savaşı ilan ederek dünya kamuoyunun dikkatini üzerinde toplamış ve yıllar süren askeri taarruzlar sonucunda gücünü yitirmiştir.

Türkiye son zamanlarda 1999 Ağustos ve Kasım aylarında yaşanan 20.000'den fazla insanın hayatını kaybettiği depremlerle gündeme gelmiştir. Depremlerden sonra politik kimliği ne olursa olursun her kesimden ve her ülkeden mağdurlara yardım yağmıştır. Bunlar arasında Türkiye'nin sorunlar yaşadığı komşusu Yunanistan'ın da bulunması, doğal bir afetin politikacıların çevirdiği dolapların üstesinden gelebileceğinin de bir kanıtıdır.

İstanbul'daki Süleymaniye Camisi, usta mimar Sinan'ın başyapıtıdır.

Tarihte Kim Kimdir?

Kroisos, Lidya krallarının sonuncusudur ve bir dönem için Ege kıyısındaki tüm şehirleri egemenliği altına almıştır. "Perslere saldırırsan çok büyük bir imparatorluğu yok edeceksin," diyen falcının sözlerini yanlış yorumlamış; Perslere saldırmış fakat kendi imparatorluğunu yok etmiştir. Sardes'te yakılarak öldürülmek üzereyken tanrıya kendisini kurtarması için yakarmış ve o anda bir sağanakla alevler sönmüştür.

Büyük İskender, bu güçlü, hırslı ve şanslı fatih İÖ 334'te Çanakkale Boğazı'nı geçmiş, Pers ülkesini yok etmiş ve bir turist olarak bugün gezeceğiniz şehirlerin çoğunda mola vererek Ege ile Akdeniz kıyılarını egemenliği altına almıştır.

Hadrianus, 117 ile 138 yılları arasında Roma İmparatorluğu'nun başında bulunmuştur. Anadolu'ya bir ziyaret düzenlemiştir; bu olayın onuruna yapılan anıtsal kemerlere Antalya ve civarında rastlayabilirsiniz.

Osman Bey, 1326 yılında Bursa'yı ele geçirerek adını vereceği imparatorluğun temellerini atmıştır.

Kanuni Sultan Süleyman, uzun süren padişahlığında (1520-1566) Osmanlı İmparatorluğu'nu iki katı büyütmeyi başararak iyi bir yönetici olduğunu kanıtlamış, başmimarı Sinan sayesinde de, İstanbul'daki Süleymaniye Camisi ve Edirne'deki Selimiye Camisi gibi günümüzün en ihtişamlı anıtlarını imparatorluğa kazandırmıştır. Saltanat sürdüğü yıllarda Osmanlı Devleti'nin özellikle askeri başarılar açısından en parlak dönemi yaşanmıştır. Ceza, vergi, reaya ve bazı askeri sınıflara ilişkin koyduğu yasalar Sultan Süleyman Kanunnamesi olarak bilinir.

Atatürk, 1881'de orta halli bir ailenin oğlu olarak doğmuş, kendisine Mustafa (daha sonra Mustafa Kemal) adı verilmiştir. Cumhurbaşkanı olmadan ve Atatürk soyadını almadan önce Gelibolu'da İtilaf Devletlerini püskürtmüş ve Osmanlı İmparatorluğu'ndan Türkiye Cumhuriyeti'ni yaratmıştır. Her ne kadar bağımsızlığı kazanana kadar savaştıysa da kadınlara eğitim, seçme ve seçilme haklarını tanıyan devrimlerinden ne kadar barışçıl bir lider olduğu açıktır. 1938 yılında, son günlerini geçirdiği Dolmabahçe Sarayı'nda hayata gözlerini kapamıştır.

NERELERE GİDİLİR?

Camiler, minareler, çuval çuval baharatların yığıldığı pazarlar, turkuvaz renkli suların okşadığı antik kalıntılar, göz alıcı fresklerle süslenmiş kiliseler... Türkiye'den bahsetmek, sayısız egzotik imgeyi de beraberinde getirir; bu çağrışımların gerçekliği ise su götürmezdir. Ancak Avrupa ve Asya'yı kucaklayan Türk ulusunun zenginliğini en iyi, her iki kıtaya da yayılmış olan başdöndürücü güzellikteki İstanbul'da görmek mümkündür.

Biz de, gezme isteğinizi iyice körükleyeceğini düşündüğümüz için yolculuğumuza buradan başlayacağız. İstanbul ve civarından, tarihle yoğrulmuş olan Ege ve Akdeniz kıyılarına, oradan da iç bölgelere, büyülü Kapadokya topraklarına doğru yol alacağız.

İSTANBUL

"Kente doğru" anlamına gelen Yunan kökenli adı *eis tin polin*, İstanbul'un yüzyıllardır eskimemiş cazibesi ve önemi hakkında az da olsa ipucu verir. Tarih boyunca dunyanın herhangi bir yerindeki bir kişi "kent"ten bahsetse anlatmak istediği yer, geçmişi boyunca Byzantion ve daha sonra Konstantinopolis (İS 330'da Doğu Roma İmparatorluğu'nun başkenti olarak aldığı isim) ve Atatürk'ün köklü devrimleriyle modern bir Türkiye yarattığı İstanbul olmuştur. Kent Yunan, Pers ve Roma egemenliklerinin yükselişine ve çöküşüne tanıklık etmiş, bugün bile kentin baştacı sayılan altıncı yüzyıl şaheseri Ayasofya'yı yaptıran İustinianus devrinde gelişmiş ve Fatih Sultan Mehmet'in yaptırdığı birbirinden güzel camiler, anıtlar ve muhteşem Topkapı Sarayı ile 16. yüzyıla dek göz ardı edilmiş olmanın verdiği bakımsızlıktan kurtulmuştur.

Kentin tarihine gömülmüş olan tüm bu entrikalar gözünü-
zü korkutmasın, vapurların vızır vızır işlediği boğazla ayrı-
lan iki kıtanın yedi tepesine yayılmış şehrin büyüleyici ko-
numu aklınızı başınızdan almakta gecikmeyecektir. İstan-
bul'un tarihi yapıları, otantik kokuları, her köşeye sinmiş
olan egzotik atmosferi o kadar baştan çıkarıcıdır ki, dakik bir
gezi programına uyamazsınız. İster minarelerle işlenmiş si-
luetini izleyin, ister kilimciyle tavşan kanı çayınızı yudum-
luyor olun, bu şehir aceleye gelmez. Gezinize tarihi yerlerin
bir arada bulunduğu Eski İstanbul'dan başlayın, Haliç'i Ga-
lata Köprüsü'nden geçerek modern Beyoğlu'na ve boğazın
iki yakasında ışıl ışıl parlayan diğer semtlere uzanın.

Eski İstanbul

Burada şehrin en iyi müzelerinde el sanatları örneklerini in-
celeyebilir, dünyanın en gizli ibadet köşelerini keşfedebilir,
Topkapı Sarayı'nın bir salonundan diğerine hayranlıkla do-
laşabilir, antik kalıntıları seyredebilir, şehrin ünlü çarşıların-
dan birinde sıkı bir pazarlığa girişebilir, Roma döneminden
kalma bir mahzende öğle yemeğinizi yiyebilir ve hatta –cüz-
danınız yeterince kabarıksa– restore edilmiş bir Osmanlı ko-
nağında uykuya dalabilirsiniz. Hem de bütün bunları hiç yo-
rulmadan yapabilirsiniz, çünkü Eski İstanbul, modern kent-
le karşılaştırıldığında hayli küçüktür.

Ayasofya

Eski İstanbul'un ve kalbinde yatan **Sultanahmet** semtinde
Ayasofya ya da Yunanca *Hagia Sophia*, yani Tanrısal Bilge-
lik Kilisesi yükselir. İustinianus'un imparatorluğu dönemin-
de 537 yılında tamamlanan Ayasofya, zamanında Hıristi-
yanlık dünyasının en büyük ve en önemli kilisesi olmuştur.
900 yıl sonra Osmanlılar tarafından dört minaresi eklenerek
camiye dönüştürüldüğünde ise aynı önemi İslam dünyası

Görkemli bir şaheser olan Sultanahmet Camisi
benzersiz güzelliğiyle yıllara meydan okumaktadır.

için taşımaya başlamıştır. Günümüzde yapı ne kilise, ne de cami olarak hizmet vermektedir; Atatürk 1936 yılında burayı müzeye dönüştürmüştür.

Ayasofya, ihtişamını büyük ölçüde kubbesine borçludur; bu kubbe 1.000 yıl sonra Aziz Petrus'un Roma'ya gelmesiyle böylesi heybetli ölçülere kavuşmuştur. Kubbeyi tasarlayan Bizanslı mimarların imkânsızı başardıkları ortadadır, devasa yapı kilisenin üzerinde adeta yüzmektedir. Bu göz aldanması, son derece hafif olan gözenekli kilden yapılmış tuğlaların kullanılmış olmasından kaynaklanır.

Bu muhteşem yapıdan içeri adımınızı attığınızda tahmin ettiğinizin aksine, ölçülerden çok samimi atmosferden etkilenirsiniz. Bunun bir nedeni sıcak renkleri, diğer nedeni ise Ayasofya'da görebileceğiniz Hıristiyanlık dünyasının en göz alıcı **mozaikleri**dir. İslam'da insan ya da hayvanın her şekilde temsili yasaklandığı için Kanuni Sultan Süleyman, 16. yüzyılda mozaikleri kapattırmıştır. Neyse ki mozaikleri kapatmak için kullanılan alçı sıva, aynı zamanda harika bir koruyucu işlevi görmüştür.

Yıllardan beri süregelen restorasyon çalışmaları her geçen gün Ayasofya'nın yeni bir süslemesini gün ışığına çıkarmaktadır. Azizlerin ve meleklerin betimlendiği, çoğu altın olan mozaiklerden en önemlileri Meryem Ana ve Çocuk ile Bakire Meryem ve Vaftizci Yahya ile İsa'dır. Dindışı resimler için güney galerinin sonuna kadar gelin; burada Konstantinos Monomakhos ve karısı Zoe'nin portrelerini görebilirsiniz, ancak işin ilginç yanı imparatoriçe resimler için fazla masrafa girmek istememiş ve ölen kocasının portredeki yüzünü yeni kocasınınkiyle değiştirmiştir. Bugün portrede gö-

rünen, karısından daha uzun yaşayan Konstantinos'un yüzüdür. Ayasofya'nın en çok ziyaret edilen kuzey taraftaki yan nefinde Ağlayan Sütun bulunur. Efsaneye göre sütunun pirinç ve mermer yüzeyinde biriken nem, hastalıklara iyi gelirmiş.

Sultanahmet Camisi ve Civarı

Osmanlı mimarları, başta ünlü Mimar Sinan olmak

Sultanahmet Camisi'nin Hipodrom'dan görülen minareleri

üzere, Ayasofyayı aşılması gereken bir doruk olarak görmüşlerdir.

I. Ahmed'in yaptırdığı cami, medrese, dükkânlar, imaret ve üç sebilden oluşan külliye günümüzde **Sultanahmet Camisi**, Avrupalılar arasında ise Mavi Cami olarak bilinir.

Sultanahmet Meydanı'na girdikten sonra ana girişi ve ön avluyu geçin; yabancı turistler yan kapıdan girerler çünkü dev boyuttaki ana kapı sadece Allah'a inanlara açıktır. İçeri girince kendinizi havadar kubbelerin ve altı minarenin altında bulursunuz. 20.000 İznik çinisiyle kaplı mekân 260 vitraydan süzülen günışığıyla göz alıcı bir biçimde aydınlanır (adını otantik çinilere veren İstanbul'un hemen güneyindeki İznik için bkz. s. 55).

Belli gruplar halinde bir araya getirilmiş olan çevre binalardan biri de **Mozaik Müzesi**'dir; çok önceleri yıkılan Bizans İmparatorluk sarayına uzanan yolu süsleyen muhteşem mozaikleri müzede görebilirsiniz. 20. yüzyılın ortalarına dek açık olarak sergilenen, iyi konumdaki mozaiklerde bitkiler, hayvanlar, mitolojiden sahneler ve birkaç önemli imparator betimlenmiştir. Müzenin çok yakınında bulunan **Hünkâr Kasrı** (Halı ve Kilim Muzeleri) ise bir başka güzel koleksiyona ev sahipliği yapar. Benzer bir halı ya da kilim satın almak isterseniz –ki paranız varsa buna karşı koyamayacaksınız– Mozaik Müzesi girişinin yakınlarındaki kapalıçarşıda dolaşmanızı öneririz.

Sultanahmet Camisi'nin hemen karşısında İstanbul tarihi boyunca atlı araba yarışları ve sirkler gibi çeşitli eğlencelere ve ayaklanmalara tanıklık etmiş olan **Atmeydanı** (Hipodrom) bulunur. İS 196'da Roma imparatoru Septimus Severus tarafından kurulmuştur. 1204'te Haçlıların İstanbul'u fethetmeleri sırasında büyük ölçüde tahrip olmuştu. Osmanlı döneminde at ve cirit oyunları, büyük şenlikler ve düğünler burada yapılırdı. Burada bulunan anıtlar arasında Delphoi'deki Apollon Tapınağı'ndan 4. yüzyılda Bizans'a getirilmiş olan Burmalı ya da Yılanlı Sütun ile III. firavun Tutmosis'in Karnak Tapınağı'nın önüne diktirdiği, oradan I. Theodosius döneminde Bizans'a getirilen 30 m yüksekliğindeki obelisk sayılabilir. Ayrıca Alman imparator II. Wilhelm'in II. Abdülhamid için yaptırdığı 1901 tarihli Alman Çeşmesi de buradadır.

Bizans ve Osmanlı imparatorlukları döneminde Ayasofya ve Sultanahmet Camisi'nin çevresi, yönetimde söz sahibi olan elit kesimin yaşadığı gösterişli saraylarla donatılmıştır. Bunlardan Hipodrom'un batı yakasında kalan ve Kanuni Sultan Süleyman tarafından veziri Makbul İbrahim Paşa'ya hediye olarak yaptırılan **İbrahim Paşa Sarayı**'nı gezebilirsiniz. Taştan yapılmış bu 16. yüzyıl konağı, içerideki Türk ve İslam Eserleri Müzesi'nin mobilyaları, halıları ve sergilenen diğer eserleriyle birlikte, Osmanlı hayatını tanımanızı sağlayacaktır. Konağın ilgi çekici tarihinde çeşitli amaçlarla kullanıldığı olmuştur. 18. yüzyılda ahıra dönüştürülen yapı, devlet dairelerine ev sahipliği yapmanın yanı sıra hapishane olarak da kullanılmıştır.

Arkeoloji Müzesi ile Topkapı Sarayı'na gitmek için Sultanahmet Meydanı'ndan geri dönün. Meydandan geçerken Ayasofya'nın ihtişamına uzaktan şöyle bir bakın; ayrıca, şehrin kuşatma altındayken temiz sudan yoksun kalmaması için Bizanslıların yapmış olduğu sarnıçlardan **Yerebatan Sarayı**'nı da gezebilirsiniz. Tavanını bir yönde 12, diğer yönde 28 sıra oluşturan 8 m yüksekliğindeki sütunlar taşımaktadır. Osmanlı döneminde Topkapı Sarayı'nın bahçesinin sulanması için kullanılan yapı günümüzde yenilenerek güzel bir müzeye dönüştürülmüştür. Renkli ışıklandırma ve müzik ile hafif hafif dalgalanan suyun yüzeyinden yansıyan sütunlar ve tuğladan zarif kemerler, sizi tuhaf fakat büyüleyici bir dünyaya taşıyacaktır.

İstanbul'un çok boyutlu tarihini düzenli bir sıraya oturtabilmek için şehrin Yunan, Roma, Bizans ve Osmanlı egemenliği altındaki geçmişini bütün ayrıntılarıyla gözler önüne seren, dünyaca ünlü **Arkeoloji Müzesi**'ni ziyaret edebilirsiniz. Yapımı 1891'de tamamlanan müzenin mimarı Fransız Vallaury'dir. Müzenin alt katında Yunan, Roma ve Bizans dönemine ait mimari eserler, lahit ve heykel gibi yapıtlar sergilenir. Assos Athena Tapınağı'ndan parçalar, Magnesia ad Maendrum'daki Artemis Tapınağı frizi, Aphrodisias buluntuları da burada görebileceğiniz diğer eserler arasındadır. Müzenin üst katında ise tarihöncesinden Bizans dönemine kadar uzanan geniş bir zaman diliminde küçük taş eşyalar, tunç, cam, pişmiş toprak heykelcikler ve çanak-çömlek, dönemlerine ayrılmış salonlarda görülebilir. Aynı katta 450.000 civarında sikkeden oluşan İslam ve İslam öncesi olmak üzere iki ayrı bölümde düzenlenmiş koleksiyon görülmeye değer. Bu komplekste aynı zamanda, **Eski Şark Eserleri Müzesi**'ni de gezebilirsiniz. Mezopotamya bölümünde sergilenen mühürler ilgi çekicidir. Anadolu bölümündeki yapıtlar Hitit İmparatorluk ve Geç Hitit dönemlerine aittir. Kapı aslanları ve kabartmaları ile çiviyazısı arşivi görülmeye değer. Dünyanın en zengin çiviyazısı koleksiyonlarını barındıran müzede Sümer, Akad ve Hitit dillerinde yazılmış tabletler de bulunur. Hemen yakındaki sultan konağı olarak Fatih Sultan Mehmet tarafından 1472-73 civarında yaptırılan **Çinili Köşk,** Sırça Saray olarak da bilinir. Kesme taş ve tuğladan yapılan konağın zengin çini bezemeleri görülmeye değer; bunların yanı sıra sergilenen 13 ve 19. yüzyıldan kalma çiniler de ilgi çekicidir.

Topkapı Sarayı

Yıllar boyunca padişahların yaşadıkları ve en önemli yönetim merkezi olan **Topkapı Sarayı** zenginlik, sefahat, entrika gibi kavramları çağrıştırır. Saray hem 24 padişahın eşleri, çocukları, yardımcıları ve hizmetçileriyle birlikte yaşadıkları hem de devletin resmi olarak yönetildiği yerdi. Marmara Denizi ile boğazın kucaklaştığı manzarayı gören muhteşem bir tepenin üzerine yerleşmiş sarayın göz kamaştırıcı süslemeler ve mücevherlerle donatılmış devlet salonlarını, çeşmeli bahçelerini ve dünyaca ünlü haremini keşfetmek başlı başına bir zevk olacaktır.

Saraya bağlı köşkler ve diğer yaşam alanları dört avlu etrafında toplanmıştır. Bunlardan **Yeniçeri Avlusu**'nu geçince bilet gişesine gelirsiniz. Bu geniş alan, sadece padişaha hizmet eden askerlerin görev yaptığı yerdir.

Aslında yeniçeriler, Osmanlı Devleti'nin sürekli ordusunu oluşturan kapıkulu ocakları örgütlenmesinin en ayrıcalıklı ve en eski sınıfıdır. 15 ve 16. yüzyıllarda Osmanlı ordusunun çekirdeğini oluşturan ve ortaçağda benzersiz disiplinle-

ri, eğitimleri ve vurucu güçleriyle Yükselme döneminin zaferlerinde büyük rol oynayan yeniçeriler 17 ve 18. yüzyıllarda başlı başına bir iktidar odağına dönüşerek İstanbul'daki bütün ayaklanmalara katılmışlardır. Günümüzde müzeye dönüştürülmüş olan Osmanlı darphanesi ile 4. yüzyıldan kalma Aya İrini (Yunanca *Haga*

Padişah'ın Kubbealtı'nda neler olup bittiğini izlediği bölme "Padişah'ın Gözü" olarak bilinir.

Eirene, Tanrısal Barış Kilisesi) de bu avludadır. İstanbul'un fethinden sonra çeşitli ganimet ve silahların saklandığı bir depo olarak kullanılan yapı, 1973 yılından bu yana Uluslararası İstanbul Festivali kapsamında konser salonu olarak kullanılmaktadır.

Babü's-Selam'ı (Orta Kapı) geçince İkinci Avlu'ya girmiş olursunuz. Saray mutfakları bir yanda sıra oluşturur. Bulaşık ve fırın odalarında porselen ve cam yemek takımları sergilenirken iki mutfak salonu da, yüzlerce hizmetlinin sarayda yaşayan 4.000 kişiye yemek hazırlaması hakkında bir fikir verebilmek amacıyla yeniden yapılandırılmıştır. Zehirli bir yiyecek konduğunda Çin seladonlarının renk değiştirdiğine inanıldığı için bu koleksiyon, sergilenen yemek takımları arasında en genişidir.

Divan-ı Hümayun, kubbe benzeri bir kulenin altında bulunduğu için *Kubbealtı* olarak da bilinir. Sadrazam ile devlet ilerigelenlerinin görüşmeler yaptığı bu salon yan yana üç bölümden oluşur. Her biri bir kubbeyle örtülü bu mekânların önünü çok geniş bir saçak "L" şeklinde sarar. Padişahın bu görüşmeleri, "Padişah'ın Gözü" olarak bilinen bölmeden gizlediği söylenir. Ünlü Topkapı hazinesinin en değerli parçalarının sergilendiği salonlardan biri olan **Saray Hazinesi**'nde zengin cephane ve zırh örneklerini görebilirsiniz.

Harem, İkinci Avlu'yla Üçüncü Avlu'nun kuzeybatısında Kubbealtı'nın arkasından Hırka-i Saadet Dairesi'nin arkasına kadar uzanan, toplam 400 odanın bulunduğu girintili çıkıntılı bir daireler ve avlular kompleksidir (bunlardan sadece 40 kadarı rehber eşliğinde turlarla gezilebilmektedir). Haremde olup bitenler her zaman için bir giz perdesinin ardında gerçekleşmiş, kompleksin sakinlerinin dış dünya ile ilişkileri en aza indirgenmiştir. Padişahın lüks içinde yaşamlarını sürdüren annesi Valide Sultan ve resmi eşlerinin dışında haremağalarının ve cariyelerin barındığı bir yer olmuştur.

İftariye Köşkü (Mehtaplık) İncirlik bahçesinin üzerine doğru bir balkon gibi taşar. Burada da tahtın varisleri olan, padişahın erkek kardeşleri ile yakın akrabaları yaşarlardı. Haremin büyük bölümü, özellikle de Valide Sultan ile padişahın yaşadığı daireler, gösterişli kubbelerden ve çinilerden payına düşeni fazlasıyla almıştır. Ancak en gösterişli salon, padişahın özel olarak davet ettiği ziyaretçilerini ağırladığı Hünkâr Sofrası'dır.

Üçüncü Avlu ise padişahın resmi dairesidir. Babü's-Saade'den geçince ulaşacağınız bu bölümde padişah, **Arz Odası** adındaki süslü köşkte yabancı elçileri ve üst düzeyden kişileri kabul ederdi. Arz Odası'nın arkasında avlunun ortasında 18. yüzyıldan kalma III. Ahmed Kütüphanesi bulunur. Sağda ise Seferli Koğuşu, onun bitişiğinde Fatih Köşkü de denilen ve sarayın ilk yapılanlarından biri olan **Hazine-i Hassa** (İç Hazine) yer alır. Burada sergilenen muhteşem zümrüt koleksiyonunu, 86 kıratlık damla biçiminde Kaşıkçı elmasını (pek çok ünlü elmasta olduğu gibi, bu konuda da çeşitli öyküler anlatılır) ve mücevherler ile işli hançer ve takıları görebilirsiniz.

Bahçelerin, yazlık köşklerin ve havuzların süslediği **Dördüncü Avlu** ise, sarayın en huzurlu bölümüdür. Genç veliahtların sünnet edildiği, 15, 16 ve 17. yüzyıl çinileriyle bezenmiş Sünnet Odası buradadır. Padişahların işlerini bırakıp rahat bir nefes almak ve şehri seyretmek için geldikleri iki zarif köşk olan Rivan Köşkü ile Bağdat Köşkü'nü de gezebilirsiniz. Bundan sonra, Dördüncü Avlu'da oyalanıp güzel terasların birinden şehrin manzarasını seyretmek ya da güzel restorana girmek de size kalmış bir seçim.

Süleymaniye Camisi'ne Doğru Pazar Yerleri

Topkapı Sarayı, modern bir semt olan Eminönü'nün üzerinde yükselir. Deniz kenarındaki bu semt boğaz vapurlarının,

Sirkeci tren istasyonunun ve Galata Köprüsü'nün kalabalığıyla hıncahınç doludur. Baharat Çarşısı olarak da bilinen **Mısır Çarşısı**, vapurların kalktığı iskelenin hemen yanındadır. Baharatlar, kuruyemişler ve kuru meyvelerle dolu sepetlerin içinden alışveriş edeceğiniz bu çarşı, bitişikte bulunan Yeni Cami'ye bir gelir sağlamak amacıyla 17. yüzyıldan beri ticari hayatını sürdürmektedir.

Çarşının denize bakan girişinin önünden çıkan merdivenler sizi küçük **Rüstem Paşa Cami**'ye getirir; burası Yeni Cami'ye kıyasla çok daha etkileyicidir. Ön cephe ve iç mekân tamamen, dairesel bir şekilde yerleştirilmiş olan İznik çinileriyle kaplanmıştır.

Kapalıçarşı

Mısır Çarşısı, rengârenk kumaş ve dokumalardan göz alıcı antika eşyalara kadar her türlü malı satan 4.000 kadar dük-

Kapalıçarşı'da geleneksel tatlı çeşitlerini
bulabileceğiniz bir lokumcu tezgâhı.

Ekmek kapısını sırtında taşıyan geleneksel kıyafeti içindeki çay satıcıları.

kânın bulunduğu, üzeri kapalı 65 sokağa yayılmış olan **Kapalıçarşı**'nın küçük bir parçası gibidir. Bu iki kapalıçarşının arasında kalan sokaklar ise tezgâhlar ve el arabasında çuvallarla baharat taşıyan seyyar satıcılarla doludur.

Biri 1954'te diğeri de 1974'te çıkan iki yangın, çarşının çok yakınlarına kadar sıçramış, ancak restorasyon sonucunda hasar gören Osmanlı döneminden kalma orijinal çiniler ve demir işleri, 18 zarif çeşme ile birlikte eski görkemine kavuşturulmuştur.

Dünyanın ilk büyük alışveriş merkezi olan Kapalıçarşı, Asya ve Avrupa arasındaki İpek Yolu'ndan beslenen bir ticaret semti yaratmak amacıyla 15. yüzyılda Fatih Sultan Mehmet'in yaptırdığı bir ambardan bugünkü halini almıştır. Burada çalışan esnaf dükkânlarını arkadlarla birleştirmek istemiş ve zaman içinde kompleks büyüyünce buraya bir kapı yapılmıştır.

Er ya da geç bu labirentte yolunuzu şaşırıp kaybolacaksınız, bu yüzden rasgele sokaklara sapmakta hiç tereddüt etmeyin. Bu egzotik çarşının büyüsüne kapılıp çarşıdan elinizde paketlerle çıkmanız büyük olasılık. Kapalıçarşı'nın en ilgi çekici yerleri, kompleksin tam ortasında yer alan, antika ve kuyumcu dükkânlarının bulunduğu eski çarşı ile dışarı çıkınca hemen batıda bulunan Sahaflar Çarşısı'dır.

Beyazıt ve Süleymaniye Camisi

Kalabalık Beyazıt Meydanı, Kapalıçarşı'nın batı girişi civarındadır. Meydanın güneyinde oldukça sade, ağırbaşlı binaları çınar ağaçlarıyla gölgelenmiş bir pazar yerine bakan **İstanbul Üniversitesi**'nin kapısı yer alır.

İlk kez 1863'te Darülfünun-ı Osmani adıyla açılan, daha sonra İstanbul Darülfünunu adını alan bu yükseköğrenim kurumunu çağdaş bir düzeye yükseltmek amacıyla Cumhuriyet'in ilk yıllarında yeni düzenlemelere gidilmiştir. Semtin geçmişi çok eskilere dayanır; İS 393'te yapılmış olan Bizans İmparatoru Theodosius forumu ile Fatih Sultan Mehmet'in, sarayı Topkapı'ya taşımadan önce yaşadığı saray, Saray-ı Cedid-i Âmire, yani Yeni Saray buradaydı. Yeni Saray'ın yapımına ne zaman başlandığı konusunda kesin bir bilgi olmasa da tarihler 1461'den 1468'e kadar değişmektedir.

İstanbul'u görkemli yapılarla donatan en önemli padişahlardan biri olan Kanunî Sultan Süleyman, üniversitenin kuzeyinde kalan ve kendi adını verdiği **Süleymaniye Camisi**'yle hatırlanır. Cami hem şehirdekilerin en büyüğü, hem en çok ziyaret edileni, hem de Haliç'i yukarıdan izleyen bir tepede bulunmasıyla şehir siluetinin en bilinen imgesidir. Padişahın başmimarı Sinan'ın en büyük başarısı olarak değerlendirilen Süleymaniye Camisi, dört sütunun taşıdığı dev kubbesi ve zarafet dolu ölçüleriyle son derece ağırbaşlı bir güzellik sergiler. Kanunî Sultan Süleyman ile Mimar Sinan'ın türbeleri de camide yer alır.

Batıya, Surlara Doğru

Süleymaniye Camisi'nin hemen batısından başlayan sokaklar, yapımına dördüncü yüzyılda başlanan rezerv, sarnıç ve

*Kanunî Sultan Süleyman'ın türbesi, padişahın adını
taşıyan bu camide bulunmaktadır.*

suyolları sisteminin bir parçası olan **Valens (Bozdoğan) Su-
kemeri**'nin gölgesinde uzanır. Bu kanallar ağı, şehrin kuşat-
malar sırasında susuz kalmasını önlemek amacıyla düşünül-
müştür. Biraz daha batıda, şehrin en eski miraslarından
1453'te Fatih Sultan Mehmet'in İstanbul'u fethetmesinin
anısına yapılmış olan Fatih Külliyesi yer alır. Padişahın tür-
besi, Osmanlı egemenliği altındaki İstanbul'un ilk camisi
olan **Fatih Camisi**'nde bulunmaktadır. Orijinal cami ile bu-
raya bağlı olan okullar ve imarethaneler 1776'daki bir dep-
rem sonucunda hasar görmüşse de günümüzde cami, inanan-
lara hizmet vermeye devam etmektedir.

Eyüpsultan Camisi ve Civarı

İstanbul'un en kutsal yerlerinden biri olan **Eyüpsultan Ca-
misi**, Osmanlı Barok dönemi mimarisinin de güzel bir örne-
ğidir. 7. yüzyılda Arap ordusuyla İstanbul'a gelen ve kuşat-

ma sırasında hastalanarak ölen, Hazreti Muhammed'in sancaktarı Ebu Eyyub el-Ensari'nin surların hemen yakınına gömüldüğüne ve mezarının kaybolduğuna inanılır. Daha sonra 1453'te Osmanlıların kenti almasından sonra Akşemseddin'in bu mezarı bulduğu söylenir. Fatih Sultan Mehmet de buraya bir türbe ve cami yaptırmıştı, ancak yapının zaman içinde harap hale gelmesi üzerine III. Selim minareleri dışında camiyi yıktırarak bugünkü camiyi yaptırmıştır. Haliç'in batı ucunda yer alan cami kompleksi (Galata Köprüsü'nün Eminönü tarafından kalkan Haliç feribotlarına binin) ve çinilerle kaplı türbeye huzur dolu ağaçlık avlulardan geçerek ulaşırsınız.

Haliç'in bu ucundaki önemli yapılardan bir diğeri ise **Bulgar Kilisesi**'dir. İstanbul'da bir zamanlar güçlü bir Bulgar topluluğunun yaşadığına işaret eden kilise kendi içinde ilgi çekici bir yapı olsa da İstanbul'un mimari tarihinde ayrı bir yere sahiptir. Yunan olmayan bu ortodoks kilisesinin hem içi hem de dışı dökme demirdir ve 1871'de Viyana'da yapılarak 100 kadar gemiyle İstanbul'a taşınmıştır.

Hemen yakınlarda, biraz batıya doğru Bizans İstanbul'unun iki önemli kalıntısı karşınıza çıkar. Haliç'ten Marmara Denizi'ne kadar uzanan şehrin batı sınırı, 413'te II. Theodosius'un yaptırmaya başladığı surlarla çevrilmişti. 447'deki bir depremle yıkılan surları, 65.000 kadar vatandaş –ki bu neredeyse şehir nüfusunun tamamını oluşturur– iki ay kadar kısa bir sürede yeniden inşa etmeyi başarmış ve şehre saldıran Hunların ordularını da püskürtmüşlerdir.

16. yüzyılda camiye dönüştürülen Son Bizans dönemi yapısı olan **Kariye Müzesi** Edirnekapı semtinde surların hemen dibinde yer alır. Dış narteksteki mozaiklerde Hz. İsa'nın, iç narteksteki mozaiklerde ise Meryem Ana'nın yaşamlarından olaylar ele alınmıştır; ayrıca *parekklesion*'daki fresklerde de Kitabı Mukaddes'ten olaylar anlatılmıştır.

Yeni İstanbul

Haliç üzerinden geçerek Eski İstanbul'dan şehrin "yeni" bölümüne ulaşırsınız; genelde Beyoğlu diye anılan bu kısım aslında Haliç ile boğaz kıyılarından yukarı doğru yayılan semtler topluluğudur. İstanbul'un bu bölümü İsa'dan önceki yerleşimlere ev sahipliği yapmıştır ancak, birçok Avrupalının ve batılı Türkün 19. yüzyılda Sultanahmet'in resmi atmosferinden uzaklaşmak için boğazın bu yakasına yerleşmeyi tercih etmesi bakımından yeni olarak adlandırılır. Buradaki yapıların çoğu, özellikle de en gözde semtlerden Pera'dakiler Osmanlıdan çok Avrupa tarzını yansıtır; mağazalar ve kafeler gibi çeşitli işletmeler de Batı zevkleriyle uyum içindedir. Bir ticaret merkezi olan Taksim, yeni şehrin az sayıdaki yüksek binalarının bulunduğu tek yerdir.

Bu tarafa, Haliç'i geçen **Galata Köprüsü**'nden yürüyerek geçebilirsiniz. Köprüyü yarıladığınızda durup etrafınızdaki manzaraya bir bakın. Sol tarafınızda dağın tepesine tünemiş Topkapı Sarayı'nı, tam karşınızda Ayasofya ile Sultanahmet camilerinin etkileyici siluetini, sağınızda ise Süleymaniye Camisi'nin dev kubbesini göreceksiniz. Artık 14. yüzyıldan kalma, silindir Galata Kulesi'nin altın rengi çatısıyla arka taraftan kendini gösterdiği, yeni şehrin tepelere kadar yayılmış olan binalarına doğru ilerlemeye devam edebilirsiniz.

Karaköy

Köprünün hemen ayağından yeraltı trenine binip kısa bir yolculukla Tünel Meydanı'na çıkın, buradan Taksim'e devam edebilirsiniz. Bu yeraltı sistemini Fransızlar 1835'te İstanbul'un Avrupalı sakinlerinin kıyıda bulunan işyerleri ile tepelerdeki evleri arasında ulaşımlarını kolaylaştırmak için yapmışlardır. Yeraltı treni pratik olsa da siz İstanbul halkının günlük yaşamı hakkında ipuçları yakalayacağınız sokak-

lardan yola devam edin. De-
niz kıyısında bulunan Kara-
köy'de, Bizans ve Osmanlı
İmparatorluğu döneminde
Avrupalı tüccarlar yaşamış-
lardır. Sıra sıra dizilmiş nak-
liye şirketleri, depolar ve bo-
ğazdan geçen yerli yabancı
her türlü deniz aracına hiz-
met veren doklarıyla Kara-
köy, günümüzde de bir tica-
ret limanıdır.

Köprüden biraz içerilere
doğru yürüdüğünüz zaman,
adını 15. yüzyılda Transil-
vanya'nın prensinden (voy-
voda) ya da daha iyi bildiği-
niz şekliyle Kont Draku-
la'dan alan Voyvoda Cadde-
si'ne gelirsiniz. Cadde ile
Kont arasında gözle görülür
bir bağlantı olmamasına kar-
şın, Osmanlı rejiminin en
ateşli düşmanlarından olan
Drakula'nın kesik başı Ro-

*14. yüzyıldan kalma Galata
Kulesi, aslında çok eski olan
"yeni" şehrin ve Haliç
kıyılarının üzerinde yükselir.*

manya'dan getirtilerek halka teşhir edilmişti. Ayrıca bu cad-
denin 19. yüzyılda imparatorluğun bankacılık merkezi oldu-
ğuna dair hiçbir ipucu kalmamıştır.

Galata Kulesi'nden Pera'ya

Yüksek Kaldırım Caddesi'ne paralel birkaç sokak sonra **Ga-
lata Kulesi** yükselir. Kule, Haliç kıyılarına yaklaşan Ceno-
valıların 14. yüzyılda yaptıkları surlar ağının bir parçasıdır.

41

Kulenin gölgesinde ise, İspanyol Engizisyon mahkemesinden canını kurtarmayı başaranların 500 yıldan uzun bir süre önce kurduğu sinagoglar yer alır. 1986'da Arap kökenli bir tetikçi, bu sinagoglardan biri olan Neve Shalom'u basmış ve Yahudi topluluğunun 22 üyesini öldürmüştür.

Galipdede Caddesi bir dar ve dik sokaklar ağıyla örülü olan arka mahalleye doğru uzanır. Cadde üzerinde, bir zamanlar Mevlânâ'nın öğretisini izleyen Sufilerin yaşadığı mevlevihaneden dönüştürülmüş **Divan Edebiyatı Müzesi** yer alır, müze günümüzde sakinlerinin eşyalarına ve hat sanatı örneklerine ev sahipliği yapmaktadır. Sema ayinini her ayın son Pazar günü öğleden sonra saat üçte izleyebilirsiniz.

Tünel Meydanı müzenin hemen kuzeyinde kalır. Mağaza ve kafelerin çevrelediği bu güzel plaza, Karaköy'den kalkan yeraltı treninin son durağı, aynı zamanda da Tünel ve Taksim meydanları arasında **İstiklâl Caddesi** üzerinden işleyen tramvay yolunun güney ucudur. Tramvayın görüntüsü hoş ve nostaljik olsa da bu caddeyi yürüyerek dolaşmaktan daha çok zevk alabilirsiniz.

19. yüzyılın ilk yarısında Grand Rue de Pera olarak bilinen İstiklâl Caddesi dönemin ticaret, finans ve eğlence merkeziydi. **Pera** semtinde yaşayan Avrupalılar ve bazı Türkler Paris'ten aldıkları kıyafetlerini giyer Grand Rue de Pera kafelerinde Fransız yemekleri yiyip şık mağazalarda dolaşır ve kendilerini evlerinde hissederlerdi. Caddenin iki yanında dizilmiş olan konak ve sarayların çoğu bir zamanlar elçiliklere ev sahipliği yapmıştır. Bazıları çoktan tarihe gömülmüş olan imparatorlukların ve krallıkların diplomatları buralarda kalmış ve son Osmanlı sultanından koparacakları ayrıcalıklar için ısrarla sıralarını beklemişlerdir. Günümüzde bu binalarda konsolosluklar bulunur; yabancı ülkelerin bayrakları İstiklâl Caddesi'nin bildik imgeleri haline gelmiştir. Caddenin batılı tarzı yansıtan Yeni Klasik tarz taş yapılar ve kili-

seler, İstanbul'da yaşayan Avrupalıların, çok yakınlarındaki camiler, otantik çarşılar ve Doğu'nun egzotik atmosferinden uzak bir dünya kurma eğilimlerinin bir sonucu olarak görülebilir. Cumhuriyet'in ilk yıllarında da kentin en önemli alışveriş ve eğlence merkezi olan Beyoğlu zamanla önemini yitirmişse de hâlâ canlılığını korumaktadır.

İstanbul'daki bir diğer Avrupa kalesi ise **Pera Palas**'tır. Doğu Ekspresi'yle Paris'ten Konstantinopolis'e giden yolcuların konaklaması için 1890'larda yapılan Belle Epoque tarzındaki bu otel, Mata Hari ile birçok devlet adamı ve kraliyet mensubunun yanı sıra Agatha Christie'yi de ağırlamıştır. *Doğu Ekspresi'nde Cinayet* adlı kitabını burada yazan Agatha Christie'nin odasını görebilirsiniz – bu oda bir başka açıdan da önem taşır; burada Atatürk de kalmıştır. Kafes şeklindeki eski asansörüyle Edward tarzında döşenmiş salona çıkıp bir fincan çay içmeyi de ihmal etmeyin.

Taksim'e Doğru

İstiklâl Caddesi'nin yarısından itibaren, **Galatasaray Meydanı**'ndan yayılan sokaklar ve geçitler ağının Türkiye atmosferi belirginleşmeye başlar. Aslında bu meydan da Avrupa yakasının bir parçasıdır. Meydana adını veren ihtişamlı bina, bir zamanlar Osmanlı zenginlerinin Fransızcayı ve batının görgü kurallarını öğrenmeleri için çocuklarını gönderdikleri eski Galatasaray lisesidir. Meydanı geçtikten sonra göreceğiniz **Çiçek Pasajı**, çiçeklerle olduğu kadar çenebaz seyyar satıcılarla da doludur. Pasaj, 1978'de cam kubbenin ve diğer yerlerin hasar görmesi nedeniyle yenilenmiştir; bazıları tadının kaçtığını iddia etse de Çiçek Pasajı hâlâ son derece kendine has, son derece keyifli bir yerdir. Hemen yanındaki **Balık Pazarı** da eski çekiciliğini yitirmemiştir. Taze balıkların arkasında bekleyen ünlü balıkçıları ve her zamanki bağırış çağırışlarıyla, müşterileri çekmeye devam eder.

İstiklâl Caddesi'nin kuzey ucunda yer alan **Taksim Meydanı**'nın asıl işlevi, civardaki önemli yerlerin etrafında dönüp duran çılgın trafiğin akışını sağlamak sayılabilir. İstanbul'un en büyük konser salonu Atatürk Kültür Merkezi buradadır. Cumhuriyet Anıtı ise 1920'lerde, Atatürk'ün kurduğu demokratik Türkiye Cumhuriyeti'ni kutlamak için dikilmiştir. Bunların dışında, çağdaş mimari anlayışı yansıtan işyerleri ve lüks oteller modern İstanbul'un simgesi olarak meydanı çevrelemektedir.

Beşiktaş

Batılılaşma hareketine ayak uyduran Osmanlı padişahları da Topkapı Sarayı'nı bırakıp boğazın karşı yakasına taşınarak, konaklar ve saraylar yaptırdılar. Ancak bu görkemli yapılar imparatorluğun zenginliğinin değil, son günlerini yaşamakta olduğunun bir işareti olarak da görülebilir.

Dolmabahçe Sarayı

Burası 17. yüzyılın ilk yarısında doldurulmuş ve çeşitli padişahların dönemlerinde ahşap köşkler ve sahilhaneler yapılmıştı. Daha sonra Sultan Abdülmecid 1853-55 yılları arasında mimar Garabet Balyan'a boğaza nazır **Dolmabahçe Sarayı**'nı yaptırmış ve 1856'da buraya taşınmıştır.

284 m uzunluğundaki ana yapının cephesi simetrik olarak düzenlenmiştir. Rıhtım boyunca beş, bahçe duvarı üzerinde de dokuz kapısı vardır. Saray oymalar, rozetler denizkabuğu ve bitkisel bezemeler gibi Barok unsurlarla eklektik bir tarzda dekore edilmiştir. Abdülmecid'den başlayarak, II. Abdülhamid dışında bütün Osmanlı padişahları sürekli ya da zaman zaman sarayda yaşamışlardır. Dolmabahçe sarayı aynı zamanda birçok önemli tarihsel olaya da sahne olmuştur. İlk Osmanlı Meclis-i Mebusan'ı 1877'de burada açılmış, çeşitli imparator ve devlet adamları burada kabul edilmiştir. Ata-

Benzersiz bir ihtişama sahip Dolmabahçe Sarayı'nı seyretmenin en iyi yolu bir Boğaz gezintisine çıkmaktır.

türk de hastalığının son dönemlerini burada geçirmiş, ve denize bakan 71 no.lu odada ölmüştür. Dolmabahçe Sarayı günümüzde kristal avize ve şamdanlar, Yıldız, Avrupa, Çin ve Japon porseleni vazolar, saatler ile Şeker Ahmed Paşa, Avni Lifij ve Osman Hamdi Bey gibi önemli ressamların eserlerini barındırır. 4,5 ton ağırlığındaki ünlü kristal avizesi de görülmeye değer. Hereke'de kurulan fabrikada özel olarak saray için dokunmuş halılar 4.500 metrekareye yakın yer kaplar. Sarayın Veliaht Dairesi de 1937'den bu yana İstanbul Devlet Resim ve Heykel Müzesi olarak hizmet vermektedir.

Çırağan Sarayı ve Yıldız Parkı

Saray, burada daha önce Fatma Sultan için yaptırılan bir yalının bahçesinde düzenlenen çırağan âlemlerinden dolayı bu adı almıştır. 1863 yılında Abdülaziz'in isteğiyle yapımına başlanan **Çırağan Sarayı**, bezemeleri açısından eklektik bir tarzı yansıtır. Bezemelerinin kökeni Kuzey Afrika İslam mimarlığıyla ilgilidir. Fransız, İtalyan ve azınlık ustalar tarafından her türlü pahalı malzeme kullanarak yapılan ve süslenen saray 5 milyon Osmanlı altınına mal olmuştu. 1910'da kalorifer bacasından çıkan bir yangınla harap olan saraydan geriye sadece beden duvarları kalmıştı.

Saray günümüzde hemen Boğazdan başlayan geniş bahçelerin ortasında lüks bir otele dönüştürülmüştür. Boğazın karşısında, Çırağan'ın karşısında Abdülaziz'in yaptırdığı bir başka saray olan **Beylerbeyi Sarayı** bulunur. Sarayda mermer ve ahşap oymacılığı, altın nakış işçiliği resim ve yazı olmak üzere yoğun bir süsleme kullanılmıştır. Avize, konsol, ayna, dolap ve koltuk gibi mobilyalarda 19. yüzyıl Avrupa tarzlarından izler görülür. Sarayların yanı sıra **Yıldız Parkı** gibi imparatorluk bahçeleri de görkemlidir.

Ancak 1880'lerde II. Abdülhamit, yabancı ziyaretçilerin konaklaması amacıyla parka 62 salonlu **Yıldız Şale**'yi yaptırmış, sonra kendisi de buraya taşınmıştır. Bu küçük sarayı gezerken padişahın kendi yaptığı mobilyaları ve onları yaparken kullandığı aletleri görebilirsiniz. Parkta bulunan **Askeri Müze**'de ise Osmanlıların 600 yıl boyunca yaptığı askeri seferler ile ilgili sergiler yer alır. Bunlardan (doğu Akdeniz'den Anadolu'ya ve Afrika'ya uzanan) savaş meydanlarında padişahların ve diğer saray mensuplarının altında oturdukları, incelikle işlenmiş sayvanlar, koleksiyonun en ilginç parçalarıdır. Silah ve cephane sergisindeyse, Bizanslıların 1453'teki Osmanlı saldırısına karşı Haliç'e gerdikleri dev zincirin son halkasından geriye kalanları görebilirsiniz.

Boğazın Dolmabahçe ve Çırağan sarayları arasında kalan bölümünde, Osmanlı askeri gücünün bir başka kanıtı olan **Deniz Müzesi** yer alır. Müzenin karada sergilediği deniz araçlarından imparatorluk donanmasına ait kayıklar ve kadırgaların yanı sıra toplardan ve Atatürk'ün yatından alınmış kişisel eşyalara kadar çok çeşitli parçaları görebilirsiniz. Ayrı bir yapıda bulunan Tarihi Kayıklar galerisinde ise saltanat kayıkları, kayık ve gemilere ait donanımlar ve tarihsel gemilerin maketleri sergilenir.

Boğaz Boyunca

Şehrin mücevheri olan Boğaziçi, her İstanbullunun kalbinin derinliklerine işlemiştir. Estetik görüntüsünün yanında Karadeniz ile Marmara Denizi arasındaki bağlantıyı sağladığı için de, antik çağlardan bu yana ticaret açısından son derece önemli bir geçit olmuştur. İstanbul'un Avrupa ve Anadolu yakaları arasındaki ulaşım binlerce vapurla sağlanır. Boğaziçi, İstanbul'un köklü geçmişiyle o kadar iç içedir ki şehirle ilgili mitolojik efsaneler doğal olarak boğazla da ilgilidir. Örneğin İason ve Ulysees bu boğazdan geçmişlerdir. Ayrıca Boğaziçi'nin dünyaca bilinen adı Bosphorus, Bous (inek) Poros (sığlık) kelimelerinden gelir; bunun da kaynağı Zeus'un, karısı Hera'ya yakalanmaması için sevgilisi İo'yu ineğe çevirdiğine ilişkin Yunan efsanesidir. Buna göre Hera bu oyuna kanmaz ve intikamını almak için İo'nun başına bir atsineği sarar, hayvan da sinekten kurtulmak için Boğaziçi'nin sularına atlar ve sığ yerlerinden karşı tarafa geçer. Hakkındaki efsanelerin ve tarihi öneminin dışında boğaz son derece büyüleyicidir; Eminönü'nden bir vapura binin ve deniz kenarındaki camilerin, surların, otantik semtlerin, ahşap yalıların ve tüm bunların arkasında uzanan yeşil tepelerin manzarasının keyfini çıkarın.

Eskiden şirin bir balıkçı köyü olan **Ortaköy** günümüzde capcanlı renklere boyanmış ahşap evlerin olduğu, iyi giyimli şehirli gençliğin uğrak yeridir. Buradaki samimi kafeler ve barlar yaz akşamlarında dolup taşar ve Ortaköy bir karnavala dönüşür. Aynı semtte bulunan ve bugünlerde Boğaziçi Köprüsü'nün gölgesinde kalan zarif Ortaköy Camisi de gö-

Turistik Yerler

Arkeoloji Müzesi: Salı-Pazar, 09.30-16.30; 3$.

Askeri Müze: Çarşamba-Pazar, 09.00-17.00; 2$.

Ayasofya: Salı-Pazar, 09.30-16.30; 5$.

Bulgar Kilisesi: Her gün; ücretsiz.

Deniz Müzesi: Çarşamba-Pazar, 09.00-17.30; 1$.

Divan Edebiyatı Müzesi: Salı-Pazar, 09.30-16.30; 2$.

Dolmabahçe Sarayı: Her gün, Salı ve Perşembe hariç, 09.00-16.00; 5,50-10, rehberli turun süresine bağlı olarak değişir.

Eyüpsultan Camisi: Her gün (namaz saatlerinde giriş sınırlı); ücretsiz.

Fatih Camisi: Salı-Pa, 09.00-17.30 (namaz saatlerinde giriş sınırlı); ücretsiz.

Galata Kulesi: Her gün, 09.00-20.00; 1$.

Hünkâr Kasrı: Her gün, 08.30-15.30; 1,50$.

İbrahim Paşa Sarayı: Salı-Pazar, 09.00-17.00; 3$.

Kapalıçarşı: Her gün, 08.30-19.00.

Kariye Müzesi: Perşembe-Salı, 09.30-16.00; 2$.

Mısır Çarşısı: Pazartesi-Cumartesi, 08.00-19.00.

Mozaik Müzesi: Çarşamba-Pazartesi, 09.00-16.00; 1,50$.

Rüstem Paşa Cami: Her gün, 09.00-17.30 (namaz saatlerinde giriş sınırlı); ücretsiz.

Sadberk Hanım Müzesi: Perşembe-Salı, 10.00-18.00; 2$.

Sultanahmet Camisi: Her gün, 09.00-17.00 (namaz saatlerinde giriş sınırlı); ücretsiz.

Topkapı Sarayı: Çarşamba-Pazartesi, 09.30-16.30; giriş ücreti 4$; harem turu, 2$.

Yerebatan Sarnıcı: Her gün, 09.00-16.30; 3$.

Yıldız Şale: Çarşamba-Pazar, 09.00-16.00; 1$.

rülmeye değer. **Arnavutköy**, boğazın biraz daha yukarısında kalır. Daha sakin olan bu semtin deniz kıyısı büyük ölçüde korunabilmiş ahşap yalılarla süslüdür.

Komşu semt **Bebek**, sadece zenginlerin yaşadığı bir yer olsa da Boğaziçi Üniversitesi'nin burada bulunması ve bazı sanatçı ve entelektüellerin Bebek müdavimi olmaları buraya daha bohem bir karakter vermiştir. Bu semtin boğaza nazır en gösterişli yalısı Art Nouvcau tarzındaki **Hıdiv Kasrı** olsa da en bildik simgesi **Rumeli Hisarı**'dır. Hisarı Fatih Sultan Mehmet, 1453 yılında Konstantinopolis'e düzenlediği ve başarıyla sonuçlanacak olan seferi sırasında, Boğaziçi'nden geçerken tamamlamıştır. Boğazın karşısında Rumeli Hisarı'nın öbür yakadaki eşi, bir başka erken dönem Osmanlı kalesi olan **Anadolu Hisarı** yükselir. Avrupa yakasındaki **Emirgân** ile Anadolu yakasındaki **Kanlıca** da karşılıklı olarak yer alır. Bu semtlerin her ikisi de yerel güzellikleriyle ünlüdür; Emirgân tepenin eteklerinde biten laleleri, Kanlıca ise deniz kenarındaki kafelerden birinde oturup zevkle yiyebileceğiniz yoğurduyla ünlüdür.

İstanbul'un seçkin güzel sanat koleksiyonları, Büyükdere'de bulunan ve Türkiye'nin ilk özel müzesi olan **Sadberk Hanım Müzesi**'nde görülebilir. Kilimler, çiniler, arkeolojik kazılardan çıkarılmış el sanatları örnekleri ile işadamı Vehbi Koç'un eşi Sadberk hanım tarafından derlenen ilginç parçaları, denize bakan iki güzel yalıda görebilirsiniz. Sergilerin bir kısmı Osmanlı toplumunun günlük hayatını yansıtan ilgi çekici düzenlemelerden oluşmuştur.

İSTANBUL CİVARI

İstanbul'dan adalara, tarihi şehirlere ve kaplıcalara da kolayca ulaşabilirsiniz. Kiminde ruhunuzu ve bedeninizi dinlendirirken, kiminde tarihin derinliklerine inerek üzerinde yaşadığınız toprakları daha iyi tanıma fırsatı bulacaksınız.

Adalar

İstanbul'u gezmeye gelen birinin enerjisinin tükendiğini hissedip daha sakin bir yerlere kaçmak istemesi doğaldır. Marmara Denizi'nde kıyıdan 20 km açıkta yer alan adalar, yüzyıllardır sığınak işlevi görmektedir. Ancak, birçok muhalif siyasinin ve Lev Troçki gibi sürgünlerin de aralarında bulunduğu, adaların ünlü sakinleri tabii ki bu sessiz sakin plajlara ve ormanlara kendi istekleriyle gelmemişler. Bu dokuz küçük ada, 19. yüzyılın ortasından beri İstanbullu zenginleri kendine çekmektedir. Yaz aylarında Bostancı ya da Kabataş iskelelerinden vapurlara atlayıp gelen ziyaretçi akını her nasılsa, adaların doğal güzelli-

İstanbullu zenginler, yazlık evlerini bu güzelim adalara yaptırmışlardır.

ğini ve müthiş cazibesini hiç etkilememiştir. Adaların bir başka cazibesi de modern yapıların ve motorlu taşıtların yasaklanmış olmasıdır; yürüyerek, bisikletle ya da at arabalarıyla gezebilirsiniz.

Büyükada, hem adaların en büyüğü hem de en fazla ziyaretçi çekenidir. Büyükada'nın müptelası olanlar burayı, yemyeşil bahçeler içinde ahşap konaklarla donatmışlardır; bunlardan Çankaya Caddesi'nde bulunan bir evde ise Troçki yaşamıştır. Adadaki en önemli yapı Yunanlıların barınmış

İstanbul yakınlarındaki adaların en güzellerinden biri olan Heybeliada'da birkaç saat geçirmeye değer.

olduğu, Bizans döneminden kalma Aya Yorgo manastırıdır. Manastırın üç şapeli ile şifalı olduğu söylenen çeşmesi Ortodoks Hıristiyanlar için hâlâ önem taşımaktadır; inananlar özellikle Yunan Paskalyasında burayı ziyaret ederler.

İkinci büyük ada olan **Heybeliada** daha engebelidir; evleri ise oldukça mütevazıdır. Adadaki en ilgi çekici yapı, Yunan Ortodokslar için büyük önem taşıyan Teoloji Okulu'dur, ancak okulun Bizans döneminden kalma elyazmalardan oluşan koleksiyonu ziyarete açık değildir. Panaghia manastırı ise büyük ölçüde yıkılmıştır. Bunların dışında Heybeliada ziyaretçilerini en çok cezbeden yerler, nefis plajlarıdır.

Edirne

Roma döneminden bu yana Edirne ile İstanbul arasında bir yol vardı. O zamanlar Via Egnatia diye adlandırılan bu yolun taş döşemelerinde, köprülerinde ve mola yerlerinde yer yer Roma tümenlerinin, Bizanslıların, Osmanlıların ve bu yolu aşındırmış olan diğer fatihlerin izlerine rastlamak mümkündür. E80 karayolu üzerinden İstanbul'un 235 km kuzeybatısında kalan Edirne, pek çok savaşa tanıklık etmiş olan Trakya'nın tam kalbinde, günümüz Yunan sınırının hemen yanında yer alır. Antik döneme kadar inen köklerine karşın tarihi anıtlarından çoğu –ünlü camisi gibi– Osmanlılardan kalmıştır.

Roma döneminde Trakya'nın ileri karakoluyken şehri başkent yapan hükümdarın adını alan Hadrianopolis, günümüzdeki adıyla Edirne, 1361'de Osmanlıların eline geçmiş, 1365'te ise başkent olmuştur. Fatih Sultan Mehmet, İstanbul'a yaptığı seferi buradan yönetmiştir. Edirne, başkentlik sıfatını İstanbul'a kaptırdıktan çok sonra bile padişahların avlanmak ve dinlenmek için tercih ettikleri bir yer olmuştur.

Selimiye Camisi, Osmanlı Klasik dönem mimarlığının başyapıtlarından biridir. 1568'de yapımına başlanan bu güzel cami, görkemli iç mekânı, merkezi tek kubbeyi öne çıkaran, dengeli dış cephe düzenlemesiyle, yıllardır aşılamamış bir mimari harikasıdır. İbadet mekânının üzerindeki kubbenin çapı 31,22 metredir. Bu kubbe–

Selimiye Camisi'nin 71 m yüksekliğindeki minareleri, Mekke dışındaki en heybetli örneklerdir.

yi onikigen kesitli sekiz filayağı taşır. Eşsiz çinileri, 999 adet pencere ile dantel kadar ince işlenmiş taş süslemeleri, bu dev mekânı huzurla doldurur. Hat sanatının güzel örneklerini ve Trakya'da bulunmuş olan çeşitli seramikler ile dekoratif eşyaları, caminin yanında bulunan **Türk İslam Eserleri Müzesi**'nde görebilirsiniz. Daha dünyevi konular arasında Kırkpınar güreşi de ilginizi çekebilir. Söylenceye göre Türklerin Rumeli'yi ele geçirmek üzere akınlar düzenlediği 14. yüzyılda, Orhan Gazi'nin kardeşi Süleyman Paşa'nın 40 askeri Ahırköy (bugün Yunanistan'daki Samona yakınında) civarındaki bir çayırda güreş tutarlar. İçlerinden gün boyu yenişemeyen ve yorgunluktan can veren iki asker oraya gömülür. Arkadaşlarının mezarını ziyaret edenler yakınlarda bir pınar görürler. Önceleri "Kırkların Pınarı" denilen bu pınar daha sonra Kırkpınar olarak anılır. Burada iki güreşçinin anısına her yıl güreşler düzenlenir. Edirne'nin bu geleneksel sporu, Hürriyet Meydanı'ndaki bir heykelle de onurlandırılmıştır.

Adı gibi eski olan **Eski Cami**, 1414'te I. Mehmed (Çelebi) zamanında tamamlanmıştır. Eski Cami'nin cazibesi, meydanının sadeliğinden kaynaklansa da içerisi son derece incelikle işlenmiş hat örnekleriyle süslüdür. Eski kasabanın tam kalbinde bulunan cami, Osmanlıların egemenliğindeki ipek yollarının üzerinde yer alan Edirne'nin bir ticaret merkezi olarak önemini vurgulayan yapılarla çevrilidir: 16. yüzyıldan kalma kubbeli bedesten, daha büyük olan ve yakın tarihte yenilenmiş **Ali Paşa Çarşısı** ve dört yüzyılı aşkın bir süredir yolculara kalacak yer sağlayan **Rüstem Paşa Kervansarayı**. Pazar girişinin yanında **Kule Kapısı** bulunur. Edirne'nin üçüncü tarihi camisi, pazar yerlerinin kuzeyinde kalan **Üç Şerefeli Cami**, adını zarif minarelerini çevreleyen şerefelerinden almıştır.

Osmanlı anıtlarının diğer iki örneği **Bayezid Külliyesi** ile **Bayezid Köprüsü**'dür. Şehrin hemen kuzeyinde kalan kül-

Bir zamanlar Osmanlı gündelik hayatının parçası olan hamamlar artık sadece turistlerin ilgisini çekmektedir.

liye, söğüt ağaçlarının arasından akan Tunca nehrinin üzerindeki bir adada yer alır. Buraya zarif kemerli, iki katlı Bayezid Köprüsü'nden geçerek ulaşabilirsiniz.

Osmanlı İmparatorluğu sınırları içindeki benzeri hayır kuruluşlarının en büyüğü olan 15. yüzyıldan kalma bu kompleksin en iyi manzarası nehrin tam orta yerinden görünür; hastaneler, okullar, ambarlar ve cami, bir kubbeler denizinin altında toplanmıştır. Bu yapılar topluluğunun en etkileyici yeri belki de tımarhanedir; çağına göre oldukça yenilikçi olan hastanenin huzurlu bahçelerinin ve çeşmelerinin hastaları yatıştırması düşünülmüştür.

Termal

Romatizma gibi ağrılı hastalıklardan ve metabolizma rahatsızlıklarından mustarip olanlar, İstanbul'un 185 km kadar

güneyinde bulunan bu güzel köyün toprakları altından 55-64
°C arasında değişen sıcaklıklarda fışkıran kaynak sularının
beslediği hamamlarda şifa ararlar. Termal'e, 12 km uzaklık-
ta olan Yalova üzerinden gelmek en kolayıdır, bunun için İs-
tanbul'dan bir Yalova feribotuna atlamanız yeterli olur.

Güzel bahçeleri ve Atatürk'ün dinlenmek için çekildiği
küçük ev dışındaki turistik yerler, halka açık hamamlardır.
Bunlardan Sultan ve Valide hamamları adlarına yaraşır de-
recede süslüdür; Kurşunlu'da ise açık havuzlara girer, çık-
tıktan sonra havlulara sarınıp bol güneş alan geniş terasta ya-
vaş yavaş kurursunuz.

İznik

Yalova'nın 60 km güneyinde yer alan, göl kenarındaki bu ta-
rım merkezi bir zamanlar çok önemli bir yerdi. İznik çeşitli
uygarlıkların ve değişik dönemlerin tarihsel yapıtlarını bir
arada barındıran bir açık hava müzesine benzer. Bir zaman-
lar Roma İmparatorluğu'nun ileri karakollarından biri olan
Nikaia, Hıristiyanlığın temel sorun ve çelişkilerini çözmeyi
amaçlayan konsillere ev sahipliği yapmıştı.

Nikaia imparatorluğu 13. yüzyılda, Akdeniz bölgesinin
önemli bir bölümünü egemenliği altına almıştı. 1331'de ise
Orhan Gazi Bey Nikaia'yı aldı ve başkent yaptı. Daha sonra
Konstantinopolis'in Osmanlı topraklarına katılmasıyla eski
önemini yitirdi. 16. yüzyılda başlayıp gelişen çini üretimi İz-
nik'i bir kez daha canlandırdı. Ancak 18. yüzyılda çini atöl-
yeleri kapandı ve kent, başta İstanbullular olmak üzere, ya-
kın çevrenin ilgi gösterdiği bir sayfiye yeri haline geldi.

Erken dönem Osmanlı mimarlığının önemli yapılarından
biri olan Nilüfer Hatun İmareti I. Murad tarafından 1388'de
annesi için yaptırılmış ve günümüzde **İznik Müzesi**'ne dö-
nüştürülmüştür. Müzede sergilenen antik sikkeler, takılar ve
iyi korunmuş Roma mezarları görülmeye değer.

Sokağın tam karşısında göreceğiniz **Yeşil Cami**, imaretle aynı tarihlerden kalmadır. Zarif ölçülere sahip tek ibadet mekânlı planı, Selçuklu tarzının tipik bir örneğidir. Tek şerefeli minaresi, çeşitli geometrik şekiller oluşturacak şekilde yeşil, turkuvaz, sarı ve mor renkli sırlı tuğlalarla örülmüştür.

Ayrıca İS 4. yüzyıla tarihlenen Bizans kilisesi de görülmeye değer. Büyük ölçüde yıpranmış olsa da bu hoş kilisenin beşinci yüzyıldan kalma orijinal zemini ile duvar mozaikleri hâlâ durmaktadır. Yine Roma dönemine ait kaybolmakta olan diğer izler, şehrin tarihini daha da eskilere götürür. Bunlardan **Lefke Kapısı**, İS 120'de İmparator Hadrianus'un ziyaretinin onuruna yapılmıştır. Ancak Roma tiyatrosundan geriye sadece birkaç kemer kalabilmiştir.

Bursa

İznik çinilerinin ülkedeki en güzel örneklerini görmek için, İstanbul'un yaklaşık 80 km güneyinde bulunan Bursa'ya da gidebilirsiniz. Yeşillikler içindeki bu kalabalık şehir ipeği ve ipekli dokumaları, camileri ve türbelerinin yanı sıra Uludağ'ın karlı tepeleriyle de gözde bir turizm merkezidir.

Yeşil

Şehir merkezinin yukarısında, dağın eteklerine yayılmış olan Yeşil semti, adını iki ünlü anıttan almıştır. Osmanlıların en önemli miraslarından biri olarak kabul edilen **Yeşil Cami** güzelliğini ve adını, içindeki yeşilli mavili çinilere borçludur. Pencere kemerlerinde ve cümle kapısında Selçuklu taş oymacılığının izleri görülebilir. Caminin iç duvarları çinilerle kaplıdır. Eni 6 m, yüksekliği 10,5 metreyi bulan görkemli mihrabı da döneminin çini sanatının en üstün örnekleriyle kaplıdır. Zarif giriş ise, dantel gibi süslemelerin işlendiği beyaz mermerle kaplıdır.

Hemen dışarıda bulunan **Yeşil Türbe**'de Sultan I. Meh-

Hisar parkından görülen Yeşil Bursa'nın
ve ünlü Uludağ'ın güzel bir manzarası

met (Çelebi) ile ailesinin diğer üyelerinin sandukaları bulunur. Türbenin dış duvarları altıgen mavi çinilerle bezenmiştir. Kıble duvarındaki çini kaplı mihraba özellikle dikkat edin. Türbenin bitişiğinde bulunan **Bursa Etnoğrafya Müzesi**'nde de nadide çinilerin yanı sıra Osmanlı dönemine ait silahları ve ev eşyalarını görebilirsiniz.

Bursa'da Roma ve Bizans dönemlerinden günümüze ulaşabilmiş yapı yoktur. Eski kenti (Hisariçi) çevreleyen surlardaki büyük taşların birçoğu Roma dönemine ait sütun ya da adak ve mezartaşlarıdır. Ancak yapımına I. Murad zamanında başlanan Hüdavendigâr Külliyesi ve I. Bayezid'in yaptırdığı Yıldırım Külliyesi gibi Osmanlı döneminden kalma tarihsel yapıların yanı sıra Osman Bey'den II. Mehmed'e kadar olan Osmanlı padişahlarının hepsinin türbesi de Bursa'dadır. Orhan Bey'in 1339-40'ta yaptırdığı **Orhan Gazi**

Camisi geçirdiği onarımlara karşın özgün biçimiyle günümüze kadar ulaşabilmiştir.

Diğer Camiler

Bursa'nın diğer camileri arasında Yeşil Cami'nin doğusunda bulunan **Emir Sultan Camisi** Osmanlı Barok tarzının güzel bir örneğidir. Cami ve türbe günümüzde Bursa'nın çok sevilen ziyaret edilen yerlerinden biridir. Muradiye'de bulunan **Sultan II. Murad Camisi** ise, Bursa'nın mekânsal gelişimini etkileyen medrese, imaret, hamam ve çeşitli türbelerden oluşan önemli bir yapılar bütünüdür. Muradiye Medresesi'nin karşısında bulunan 17. yüzyıl tarihli **Osmanlı Evi**'ni de ziyaret edebilirsiniz. Osmanlı toplumunun gündelik hayatının anlatıldığı müze görülmeye değer.

Kent merkezinde bulunan **Bursa Ulucamisi** çok-ayaklı cami şemasının anıtsal örneklerinden biridir. Yıldırım Bayezid tarafından 1396-1400 arasında yaptırılmıştır. Caminin iç mekânında 20 kubbeyi taşıyan 12 ayak yer alır. İç mekândaki zengin taş işçiliği göz alıcıdır; ayrıca 19. yüzyılın ünlü hattatlarının yapıtlarına da dikkat edin.

Eski Şehir Merkezi

Ulucami, Bursa'nın eski ticaret semtinin yakınında yer alır. 14. yüzyıldan kalma bedesten, sokaklar ağının içinde, yüzlerce yıllık el sanatlarını yaşatmaya devam eden marangozları, nalburları ve kuyumcuları barındırır. Çarşının merkezinde yer alan Koza Hanı, 600 yıldır şehrin ekonomisini sırtında taşıyan ipek tüccarlarının kalesidir. Koza Hanı, Haziran sonu ile Temmuz'da ipek üreticilerinin akınına uğrar; bembeyaz ipekler, koza açık artırmasıyla satışa çıkarılır.

Bursa'nın geleneklerinden bir diğeri de, 14. yüzyılda yörede doğan gölge-kukla tiyatrosu Karagöz'ün kutlandığı Kasım festivalidir. Yerel efsaneye göre taş ustası Karagöz ile ustabaşı Hacivat, Orhan Gazi Camisi'ndeki işlerinden sıkılıp, hem kendilerini hem arkadaşlarını hicivleriyle eğlendirmeye başlarlar. İkili o kadar ünlenir ki Orhan Bey, Hacivatla Karagöz'ün başlarını vurdurur. Sonra bundan pişman olan ve ikilinin eğlencesini özleyen padişah kuklalarını yaptırarak onları ölümsüzleştirir; Karagöz ile Hacivat oyunlarını perdede sürdürmeye devam ederler.

EGE KIYISI

Ege kıyısı üç binyıldan daha uzun bir süredir kültürlerin kavşağı olarak önemini korumaktadır. Yüzyıllar boyunca sırasıyla Perslerin doğudan akın ettiği, Büyük İskender'in ordularının batıdan yürüdüğü, Romalıların imparatorluklarına kattığı, Arapların güneyden saldırılar düzenlediği, Haçlı Ordusunun ileri karakollar kurduğu, büyük Osmanlı İmparatorluğu'nun kök saldığı ve I. Dünya Savaşı'nın en önemli çatışmalarının yapıldığı yer, Ege toprakları olmuştur. Günümüzde ise Ege, Türkiye'nin Batı dünyasıyla arasındaki sınırını oluşturur. Bir gezginin enfes plajlardan, şirin köylerden, heybetli yıkıntılardan, dokunaklı savaş meydanlarından oluşan bu tarihi yolculuğu Ege dışında başka bir yerde hayata geçirmesi mümkün değildir.

Çanakkale

Bölge, Avrupa'yı Asya kıtasından ayıran dar Çanakkale Boğazı'nın ağzında yer alır. Çanakkale yöresi ve Biga Yarımadası, Antik Çağda Troas olarak bilinirdi. Klasik Çağda ise Hellespontos olarak bilinen boğazın hırçın suları, romantik ruhlu yüzücüleri her zaman için baştan çıkarmayı bilmiştir; antik dönemde Leandros, karşı taraftaki sevgilisi Hero'yu görebilmek için her gece bu suları geçermiş. Beceri isteyen bu işi 1810'da Lord Byron da başarmıştır. Çanakkale Boğazı, stratejik açıdan da yüzyıllar boyunca pek çok askeri plana dahil olmuştur. Pers hükümdarı Dareios İÖ 514'te Çanakkale Boğazını geçerek bütün Trakya ve Makedonya'yı ele geçirmiştir. 1345'te Orhan Bey tarafından Osmanlı topraklarına katılan bölgenin tamamen ele geçirilmesi I. Murad döneminde olmuştur. I. Dünya Savaşı'nın en kanlı çatışmaları boğazın batı yakasında, Gelibolu'da yaşanmıştır.

Çanakkale, günümüzde oldukça verimli bir tarım bölgesidir. Şehir merkezinden yaklaşık iki kilometre uzaklıktaki 15. yüzyıldan kalma kalede bulunan Ordu ve Donanma Müzesi'nde, Antik Çağlardan günümüze uzanan cephaneleri ve bu bölgede yapılan savaşların izlerini görebilirsiniz; ayrıca müzenin Çanakkale Boğazı ile Ege Denizi'ne bakan manzarası da son derece göz alıcıdır.

☞ Gelibolu

Tarihsel değerler ve doğal çevrenin korunması amacıyla kurulan **Gelibolu Yarımadası Tarihi Milli Parkı**, 33.000 hektarlık bir alana yayılmıştır. 190.000 Türk ve 200.000'den çok yabancı askerin hayatını yitirdiği Çanakkale Savaşları'nın yapıldığı yerlerle birlikte antik kent ve tarihsel yapı kalıntılarını, şehitlik, anıt ve müzeleri de gezebilirsiniz.

Çanakkale'den başlayan Gelibolu turlarının yanı sıra, araba vapuruyla karşıya geçip bölgeyi kendi başınıza da keşfedebilirsiniz. Çok iyi korunan mezarlıklar ve diğer şehit anıtları, yarımadanın savaş meydanlarına dikilmiştir. **Kabatepe**'deki danışma merkezi, ana meydanın hemen güneyindedir. Bugün son derece barış dolu ve sakin, ancak bir zamanlar kanla sulanmış olan bölgedeki yürüyüşünüze buradan başlayabilirsiniz.

☞ Troya

Troya'ya giden E87 karayolu, Çanakkale'nin 32 km güneyinden geçer. Bu efsanevi şehrin yıkıntıları yolun batısında,

deniz kıyısındadır. Kimi antik yerler ihtişamlarıyla, kimile-
riyse zenginlikleriyle ziyaretçilerini büyüler ancak Troya yı-
kıntılarının ziyaretçiler üzerinde yaratacağı etki bunun öte-
sindedir. Batı duvarının bazı bölümleri ile şehir girişi hâlâ
ayaktadır. At arabaları için yapılmış olan taşlarla döşeli yol
neredeyse ilk günkü halini korumaktadır, hendekler ve te-
meller ise antik kentin ev ve sokaklarının neye benzediğini
anlatır. Troya'nın kayalık uçurumunun kenarında durup,
Kral Agamemnon'un gemilerini çıkardığı geniş düzlüğü yu-
karıdan izlerken bir an için Batı düşüncesini şekillendiren
klasik edebiyatın ötesine geçersiniz.

İlyada

Homeros'un *İlyada* destanında anlattığı öyküyü az çok hepi-
miz biliriz. Troya kralı Priamos, Spartalıların kralı Menela-
os'un karısı olan Helena'yı kaçırır ve Troya'ya getirir. Me-

*Behramkale'nin küçük limanında balıkçı tekneleri –
antik Assos ise daha yukarılardadır.*

nelaos kardeşi Kral Agamemnon'dan yardım ister ve Helena'yı geri getirmek için büyük bir ordu kurarlar. On yıl boyunca Akhilleus ve Odysseus'un aralarında bulunduğu Yunanlılar Troya'yı ele geçirmeye uğraşırlar. Sonunda Yunanlılar Troyalılara tahta bir at hediye ederek geri çekilirler. Ancak atın içi askerlerle doludur ve gece olduğunda askerler attan çıkıp kale kapılarını açarlar.

Öyküye göre olaylar gerçektir. Çok yakın bir tarihe kadar bunun bir efsane olduğu düşünülmüştü. 19. yüzyılda Heinrich Schliemann bölgede, tarihi en az 4.000 yıl öncesine uzanan bir şehrin izine rastladığında *İlyada*'nın yazıldığı tarihlerde bir savaş yapıldığı da kanıtlanmış oldu.

Schliemann'ın bulup Almanya'ya kaçırdığı hazinelerden Berlin Müzesi'nde olanlar ne yazık ki II. Dünya Savaşı sırasında ortadan kaybolmuştur. Amerikan kazılarında ele geçenler ise İstanbul Arkeoloji Müzesi'nde sergilenmektedir. Kazılar sonucunda Troya'da üst üste kurulmuş, yedi ayrı kültürü temsil eden dört mimari katın oluşturduğu dokuz yerleşme saptanmıştır. Ele geçirilen eşyalar, el ürünleri ve hazineler Troya halkının yaşamlarını tarım ve hayvancılığın yanı sıra ticaretle de sürdürdüğünü göstermiştir.

Troas

E87 karayolundan gidildiğinde Troya'nın 32 km güneyine düşen antik bölgenin adı, Antik Çağın ünlü kentlerinden biri olan Troya'dan gelir. İÖ 3. binyıldan bu yana yerli beylerin elinde olan Troas'ı İÖ 13. yüzyılda Yunanistan'dan gelen Akhalar ele geçirmişti. Daha sonra İÖ 129'da Roma'nın eline geçen bölgede, başta Troya olmak üzere Zeleia, Priapos, Parion, Lampsakos, Abydos, Sigeion, Alexandreia Troas ve Assos gibi kentler kurulmuştur. Tapınakları ve hamamlarıyla ünlü kentlerden günümüze kalanlar göz alıcıdır. Ege Denizi ile **Bozcaada**'nın manzarası ise hiç değişmemiştir.

Behramkale

Antik Çağda (hatta günümüzde bile) Assos olarak bilinen Behramkale, ikiye ayrılmıştır; şehir nüfusunun yarısı denizden 200 metre yükseklikte bulunan ihtişamlı yıkıntıların civarında, diğer yarısı ise küçük limanın çevresinde yaşar. Bu durum Ege kıyısının en belirgin iki özelliğini de gözler önüne serer: Geçmişin izleri ile mükemmel limanlar ve koylar bir aradadır.

Lesboslu Hellinkos, Alexandreia Troas'ın 50 km güneyinde yer alan Assos'un, İÖ 7. yüzyılda Lesbos'taki Metymna (Midilli) kentinde oturan Aioller tarafından kurulduğunu söyler. Adramyttion (Edremit) körfezindeki bu önemli liman kenti daha sonra Perslerin eline geçmiştir. İÖ 479 civarında özgürlüğüne kavuşmuş ve Delos Birliği'ne katılmıştır. İÖ 4. yüzyıl civarında Eubulos ile Aristoteles'in öğrencisi Hermias tarafından yönetilmiştir. Assos Helenistik ve Roma dönemlerinde hem ticaret hem de kültür merkeziydi. Hermias'ın çağrısı üzerine kente gelen Aristoteles üç yıl burada yaşamış ve akademilerinden birini burada kurmuştur.

Antik **akropolis**in tepe noktasından görünen göz alıcı manzara gerçekten de nefes kesicidir; buradan bakınca kıyı, Ege Denizi ve Midilli adası gözlerinizin önüne serilir. İÖ 6. yüzyıldan kalma arkaik **Athena Tapınağı** Dor düzenindedir. *Stilobat* (sütunları taşıyan platform) düzeyine kadar ayakta kalmış olan tapınağın baştaban kabartmalarında mitolojik konular işlenmiştir. Helenistik döneme tarihlenen mozaik taban döşemesi görülmeye değer. Kentte *gymnasion*, iki agora, Hıristiyanlık döneminde kiliseye dönüştürülmüş bir agora tapınağı ile tiyatro ve andezitten yapılma lahitlerin yer aldığı bir nekropol bulunur. Tapınağa ait diğer kabartmalar ise İstanbul Arkeoloji Müzesi'nde sergilenmektedir. Ayrıca civarda görülmeye değer bir diğer yapı, 14. yüzyıldan kalma **Murad Hüdavendigâr Cami**'dir.

Liman, dik bir yokuşun altında yer alır. Oteller ve hoş balıkçı restoranlarının doldurduğu küçük ve sevimli limanda, size de tarihin ve doğanın sunduğu güzelliklerin tadını çıkarmak düşer.

Ayvalık

Assos'un 131 km güneyinde bulunan Ayvalık'a gitmek için Edremit Körfezi'ni dolanan kıyı yolunu izleyin. Tarihte Taliani ve Kydonia adlarıyla da anılan Ayvalık çok eski bir yerleşim merkezidir. İÖ 330'dan sonra Makedonya, İÖ 30'dan sonra da Roma egemenliği altına girmiştir. Bizanslılardan sonra 1430 civarında Osmanlılara geçen bölgede tarım ve ticaret büyük ölçüde gelişmişti. Nüfusunun yarısını Rumlar oluşturuyordu. 19. yüzyılın başlarında Yunan Bağımsızlık hareketine katılan Ayvalık daha sonra da çeşitli

Günümüzde de önemli bir balıkçı limanı olan şirin Ayvalık şehri, 19. yüzyıldaki parlak döneminin izlerini hâlâ taşır.

çatışmalara sahne oldu. Nüfus değişiminde Ayvalık Rumla-
rı Yunanistan'a, Midilli, Girit ve Makedonya'dan gelen
Türkler de Ayvalık'a yerleşmişlerdir.

Ayvalık merkezi günümüzde de bir 19. yüzyıl şehrini an-
dırır. Şirin balkonların baktığı, oymalı ahşap girişlerin açıl-
dığı dar ve dolambaçlı sokaklar labirentinde rasgele dolaş-
mak çok keyiflidir. Ayakkabı tamircilerinin ve demircilerin
geçimlerini sağladıkları **pazar**ı da dolaşabilirsiniz. Şehirde-
ki camilerin en önemli özellikleri yüksek minareleridir, adı-
nı saat kulelerinden alan ve camiye dönüştürülen **Saatli Ki-
lise** dikkat çekicidir. Kuzeye doğru biraz daha yukarılarda
yer alan Taksiarkhis Kilisesi ise bir süre sonra müze olarak
tekrar açılacaktır.

En güzel plajları şehrin birkaç kilometre güneyinde, **Sa-
rımsaklı**'da bulabilirsiniz. Plaj genellikle kalabalık olsa da
kendinize göre sakin yerler bulabilirsiniz. Bir deniz turu
yapmak istiyorsanız, her sabah Ayvalık'tan (limandaki da-
nışma kulübesinin hemen yanından) kalkan tekne gezilerine
katılın. Çevre adaları kapsayan bu geziler yaklaşık bütün
gün sürer; çeşitli yerlerde de yüzme molaları verilir.

Pergamon (Bergama)

Modern dünyaya yaklaştığınızı hissettiğiniz anda Perga-
mon'un yolunu tutun (E87 üzerinden Ayvalık'ın 54 km gü-
neyinde). Pergamon bir zamanlar Attalosların başkenti ve
Anadolu'nun en ihtişamlı Helenistik kenti olmuştur. Antik
Pergamon'u sabah saatlerinde gezmek iyi bir fikirdir ancak
bütün gününüzü buraya ayırırsanız, bu güzel kentin size an-
latacağı öyküleri dinlemek için daha çok zamanınız olur.

Attalos Hanedanı

Kuruluş tarihinin İÖ 5. yüzyıla değin uzandığı bilinmekle
birlikte, kent, Helenistik dönemde Attalos hanedanının baş-

kenti olarak önem kazanmıştır. Attalosların yaptırdığı kütüphane, İskenderiye Kütüphanesi'nden sonra o çağın en büyük kütüphanesiydi. I. Attalos'tan sonraki krallar kentteki tapınak ve avluları süslemek için Yunanistan'dan sanat eserleri getirtmiş ve Pergamonlu sanatçılara birçok heykel ve resim yaptırmışlardır.

Antik yapılar geniş bir alana yayılmıştır. Keşfinize Bergama'dan 6 km uzaklıkta bir tepede bulunan Akropolis'ten başlayıp daha sonra Asklepieion'a gidebilirsiniz.

Yukarı kentteki anıt yapılar arasında bir tiyatro, Athena Nikephoros Tapınağı ve süslü frizleriyle Helenistik sanatın başyapıtlarından biri olan büyük **Zeus Sunağı** yer alır. Pergamon kralı II. Eumenes'in Selevkos kralı III. Antiokhos'a ve Galatlara karşı kazandığı büyük zaferin anısını yaşatmak üzere yapılmış olan görkemli sunak, Zeus ile Athena'ya adanmıştır. Osmanlı hükümetinin izniyle 1878 yılında kaidesi dışında sökülerek Berlin'e taşınmış ve Pergamon Müzesi'nde yeniden kurulmuştur. Asıl yerinde ise yalnızca temelleri kalmıştır.

Aşağı kentte bulunan kamu yapıları arasında büyük bir agora, bir *gymnasion* ve Hera ile Demeter tapınakları vardır. Roma dönemi kalıntıları arasında bulunan **antik tiyatro**nun 80 sıralık oturma yerleri 10.000 kişi kapasitelidir. Oyunlar, sabit olmayan ahşap bir sahnede oynanırdı; destek olması için kullanılan kazıkların oturtulduğu delikleri görebilirsiniz. Tiyatronun mükemmel akustiğini denemekten çekinmeyin; antik arenaların birçoğunda olduğu gibi sahnede söylenen her şey tiyatronun her yerinden rahatlıkla duyulabilir.

Bergama Asklepieionu

Pergamon'un batısında bulunan, kente bir sütunlu cadde ve üstü örtülü bir tören yolu ile bağlanmış kutsal alan İÖ 4. yüzyılda Hekimlik Tanrısı Asklepios'a adanmış kutsal suyun

*Bergama Asklepieionu'nun Roma kalıntıları
bir zamanların bilim ve sanatına ışık tutar.*

bulunduğu yerde kurulmaya başlanmış ve zamanla Helenistik biçimde bir alanı çevreleyen sütunlu galerilerle ve çeşitli yapılarla gelişmiştir. İS 2. yüzyılda bir tiyatro ve kitaplığın eklenmesiyle her yöreden gelen hastaların tedavi gördüğü bir dinlenme yerine dönüşmüştür.

Asklepıeion'da uygulanan çeşitli tedavi yöntemlerinde çamur banyoları, bitkilerden elde edilen ilaçlar kullanılır, hastaların spor ve müzikle uğraşmaları sağlanır, gördükleri düşler yorumlanarak telkin yoluyla iyileşmelerine çaba gösterilirdi. Sağlığına kavuşanlar da ayrılırken bağışta bulunurlardı. Adak olarak iyileşen organların küçük bir modelini verirlerdi. Bu adak eşyalarından ilgi çekici örnekler **Bergama Arkeoloji Müzesi**'nde görülebilir.

Bergama Asklepieionu, bir zamanlar, sütunlu galerileri ve anıtsal yapıları dışında çeşitli yerleri süsleyen heykel ve büstleriyle de büyük bir görkeme sahipken, Roma döneminden sonra Hıristiyanlığın yaygınlaşmasıyla yavaş yavaş önemini yitirmiş ve zamanla unutulmuştur. Bölgenin, Helenistik ve Roma dönemlerindeki bilim ve tarihine ışık tutan kazılar 1928-32 civarında yapılmıştır.

İzmir

Ülkenin ikinci büyük limanı olan İzmir, Bergama'nın 80 km güneyinde yer alır. Zaten Ege'yi kıyı yolundan otomobille geziyorsanız şehre uğramamanız imkânsızdır. Bölgenin başta gelen sanayi merkezi olsa da İzmir'in kendine has güzellikleri olduğunu unutmamak gerekir. Burası aynı zamanda Homeros'un doğduğu yerdir. İzmir'deki ilk yerleşimlerin tarihi Tunç Çağına (İÖ 3500-1000) kadar uzanır. Anadolu kökenli olan adı Smurne, Eski Yunancada Smyrna olarak yazılıyordu. İÖ 333'te İskender'in ele geçirdiği kent, daha sonra Pergamon (Bergama) ve Roma egemenliğini yaşadı. 9. yüzyılda Bizans'ın deniz üssü olan kentte bir tersane vardı. 10. yüzyılda Nikaia (İznik) imparatorluğu döneminde önemli bir uluslararası liman kenti oldu. Bu arada kentin adı İon yazımında Smirni ya da Zmirni haline geldi; bunun da zamanla İzmir'e dönüştüğü sanılmaktadır. Türkler Smyrna'yı ilk kez 11. yüzyıl sonlarında ele geçirmişlerdir.

Zaman içinde Bizanslıların, St. Jean Şövalyelerinin ve yeniden Osmanlıların eline geçen kent 17. yüzyılda önemli bir ticaret ve kültür merkezi haline geldi. Yunanlılar tarafından Mayıs 1919'da işgal edilmesi, 9 Eylül 1922'de İzmir'in kurtuluşuyla sonuçlandı.

1922'den sonra yeniden doğan İzmir, böyle bir tarihin üzerinde durmaktadır. Palmiye ağaçlarının dizili olduğu geniş bulvarları, modern mimarisi ve "Kordon" kentin belirgin yanlarıdır. Muhteşem limanın en güzel manzarasını Büyük İskender'in zamanında yapılmış ve sonra restore edilmiş olan **Kadifekale**'nin surlarından izleyebilirsiniz. Kaleden ayrılırken solda kalan yola sapın; sağ tarafta taş basamaklar göreceksiniz, buradan, dağın eteklerinde bulunan Roma döneminden kalma orijinal pazar yeri, agoraya gidilir. Denize doğru yürümeye devam edin, karşınıza Konak Meydanı çıkacaktır; İzmir açık hava pazarı tam burada başlar. Şehrin deri ürünleriyle ünlü olduğunu hatırlatalım. Güneye doğru yer alan Bahribaba Parkı'nda **Arkeoloji Müzesi** bulunur. Müzede, hem agorada yapılan kazılar sonucunda çıkarılmış hem de başka yerlerden getirilmiş heykelleri, mezartaşlarını ve İzmir civarında bulunan frizleri görebilirsiniz.

1923'te İzmir İktisat Kongresi'nde doğan ünlü İzmir Fuarı 1936'da uluslararası bir nitelik kazanmıştı. Günümüzde ise daha çok eğlence işleviyle öne çıkmaktadır.

Çeşme

İzmir'in 81 km batısında yer alan Çeşme, kıyının en cazip beldelerinden ve sayfiye yerlerinden biridir. Çeşme evleri ve 1508'de II. Bayezid tarafından yaptırılan **Çeşme Kalesi** görülmeye değer. Kale, günümüzde Silah Müzesi'ne ev sahipliği yapmaktadır. Ege kıyısının güneyde Pırlanta, doğuda ise Ilıca gibi nefis plajlarından bazıları da buradadır.

Sardes

İzmir'in 90 km doğusunda yer alan antik Sardes kenti Ephesos, Smyrna, Pergamon ve iç Anadolu'dan gelen yolların kesiştiği noktada bulunur. Lidya Devleti'nin başkenti olan Sardes, Susa'dan başlayarak bütün Anadolu'ya geçen ünlü Kral Yolu'nun Batı Anadolu'da sona erdiği noktaydı. Sardes'i çevreleyen dağlar, altın yatakları bakımından çok zengindir, hatta ilk sikkeler de burada dökülmüştür.

Şehrin son Lidya kralı Kroisos'un zenginliği ve gücü dillere destan olmuştur; Lidya Devleti'nin İÖ 547-46'da sonunu getiren Pers Kralı Büyük Kyros olmuştur. Daha sonra Büyük İskenderin, Pergamon (Bergama) krallığının, sonra da Romalıların ele geçirdiği kent İS 17'deki büyük depremden büyük ölçüde zarar görmüştür. İS 4. yüzyılda kent en geniş durumuna ulaşmış, Bizans döneminde bir piskoposluk bölgesi olmuş, 14. yüzyılda ise Türklerin eline geçmiştir.

Sardes harabeleri, karayolu üzerinde, Paktolos Vadisinde, akrapoliste ve Bintepeler'de olmak üzere dört bölüm halindedir. İzmir-Ankara Karayolunun hemen kuzeyinde kentin mermer sütunlu geniş ana caddesi (4. yüzyıl) ortaya çıkarılmıştır. Ama caddenin arkasında sinagog ve **gymnasion** vardır. Mermerli bir avlusu ve büyük bir *palaistra*sı (güreş okulu) bulunan *gymnasion*un bir cephesi tümüyle restore edilmiştir. Daha doğuda kentin **tiyatro**suyla *stadion*unun (stadyum) kalıntıları yer alır. Yaklaşık 20.000 kişiyi alabilecek büyüklükteki tiyatro İÖ 3. yüzyılda yapılmıştır. Biraz daha ileride Roma ve Bizans hamamları yer alır.

Paktolos çayının doğu kıyısında son Lidya Kralı Kroisos döneminde, İÖ 6. yüzyıl ortalarında yapılmış altın işleme atölyeleri bulunur. Taştan bir duvarla çevrilmiş bu atölyelerde Paktolos çayından çıkarılan altın işlenir, sikke basılırdı.

Daha güneyde, İÖ 300'lerde yapılmış **Artemis Tapınağı**'nın kalıntıları bulunur. Batı yanındaki kırmızı kumtaşından büyük bloklarla yapılmış sunak İÖ 6. yüzyıla tarihlenmektedir. İÖ 2. yüzyılda yenilenen tapınak hiçbir zaman tamamlanamamıştır.

Ovanın batı ucundaki Marmara Gölünün güneyinde 100 kadar tümülüsün bulunduğu ve Bintepeler olarak bilinen Lidya kraliyet nekropolü uzanır. Bu mezarlar içinde büyük boyutlarıyla dikkat çeken iki mezarın Alyattes ve Gyges'e ait olduğu sanılmaktadır.

☞ Ephesos (Efes)

Ephesos kaçırmamanız gereken bir yerdir ancak rasgele gezerseniz bu güzel kalıntıların hakkını veremeyebilirsiniz. Sabahın erken saatlerinde gelmeye çalışın (ören yeri ziyarete saat 08.00'de açılır), güzergâhınızı belirleyin ve yanınızdan suyu eksik etmeyin; pek fazla gölgelik bulunmayan bu yerde güneşin de etkisiyle çabucak yorulup susayabilirsiniz. Bunların dışında, Ephesos ile bitişiğindeki Selçuk ilçesinin birbirleriyle bağlantılı olduğunu unutmayın. Selçuk'taki müzede öğrenecekleriniz Ephesos'ta gördüklerinizi aydınlatacaktır. Selçuk aynı zamanda, dünyanın yedi harikasından biri olan büyük Artemis Tapınağı'nın da bulunduğu yerdir.

Ephesos'taki ilk kazılar 1869-74 arasında British Museum tarafından *odeion*da (konser binası) ve tiyatroda başlatılmıştır. 1869'da Artemis Tapınağı ile onun altında bulunan ve 6. yüzyıl tarihli, boyutları ve planı benzer bir başka tapınak daha ortaya çıkarılmıştır. Her iki tapınaktan çıkarılan heykel parçaları bugün British Museum'da sergilenmektedir.

Daha sonra 1895'te Viyana Akademisi'nce yapılan kazılarda tapınağın çevresi ve liman araştırılmış, Avusturya Arkeoloji Enstitüsü adına yapılan kazılarda agora, tiyatro, Arcadiane Celsus Kitaplığı ortaya çıkarılmıştır. I. Dünya Sava-

Ephesos antik tiyatrosunda oyuncular ve koro, Klasik tiyatronun ölümsüz örneklerini sahnelemişlerdir.

şı sırasında duran kazılara 1926'dan sonra yine Avusturya Arkeoloji Enstitüsü tarafından devam edilmiştir.

Korunaklı bir limanda, nehrin denize döküldüğü ağzın hemen yanında bulunan Ephesos Batı Anadolu'da, İonya bölgesinde kurulmuş Antik Çağ kentlerinin en ünlüsüdür. Kent önceleri Kystros (Küçük Menderes) Irmağının Ege Denizine döküldüğü körfezin kıyısında ve Pion Dağı (Panayır Dağı) eteğindeydi. Kaystros'un getirdiği alüvyonlar limanı doldurunca dağın güneybatı yanına Koressos Dağı (Bülbül Dağı) yamaçlarına taşınmıştı.

Ephesos'un ününü borçlu olduğu Artemis Tapınağı ya da Artemision da ilk yapıldığı zaman (İÖ y. 560-550) büyük bir olasılıkla deniz kenarındaydı. Roma döneminde tapınaktan Pion Dağının batısındaki limana ulaşım dar bir suyoluyla sağlanabiliyordu. Geç Bizans döneminde ise bu kanal da dolarak kullanılamaz hale gelmişti.

Ephesos'un, Pion Dağının kuzeyinde bulunan önemli yapıları *stadion* ile **Vedius Gymnasion**'udur. İS 2. yüzyıl civarında Vedius Antoninus'un yaptırdığı *gymnasion*, heykellerle bezeli holü, sütunlu avlusu ve avlunun batısındaki günümüze kadar kalabilmiş tuvaletleriyle tanınır. Kentin birçok önemli kamu yapısı, Helenistik dönemde yapılmış olan ve kuzey-güney doğrultusunda uzanan Mermer Cadde boyunca sıralanır. Bu caddenin kuzey ucunda yaklaşık 25.000 izleyici alabilen ve bugünkü biçimine Traianus döneminde yapılan eklemelerle kavuşmuş olan **tiyatro** yer alır.

Tiyatronun hemen kuzeybatısında Tiyatro Gymnasion'u yer alır. Onun önünde batıya doğru uzanan **Arcadiane** başlar. Mermer Cadde boyunca güneye doğru gidildiğinde, sağ yanda Severus döneminde yapılmış agora, onun yanında da ön cephesiyle ünlü **Celsus Kitaplığı** yer alır. İS 115-117 arasında yapımına başlanan ve 260'larda bir yangın geçiren kitaplığın onarımı 1978'de tamamlanmıştır. Geniş mermer basamaklarla çıkılan bir platformun üzerinde yer alan yapının iki katlı cephesi sütunlar ve bunların taşıdığı alınlıklarla bezenmiştir; iç duvarlarda yazı rulolarının konduğu üst üste üç sıra halinde nişler bulunur.

Celsus Kitaplığı'ndan sonra güneydoğuya dönen yola Kuretler (yüksek yöneticiler) Caddesi adı verilir. Sol yanında 2. yüzyıl tarihli **Hadrianus Tapınağı** yer alır. Tapınağın, kült heykelinin bulunduğu cella bölümünün, bugün yıkılmış olan bir tonozla örtülü olduğu bilinmektedir.

Tapınağın arkasında, 5. yüzyıl başında yapılmış Scholastikia Hamamı, tam karşısında ise **kent zenginlerinin evleri**nin kalıntıları bulunur. 1956'dan bu yana kazılmakta olan ve yamaç boyunca teraslar halinde kat kat yükselen bu evlerin bazılarında ilgi çekici yer mozaikleri bulunmuştur. Kuretler Caddesi'nin ilerisinde 2. yüzyıl tarihli Traianus Çeşmesi bulunur. Onun karşısında ise, caddeden oldukça içeride, Domitianus Tapınağı yer alır. Yapının temellerine kadar yıkık olmasına karşın İmparator Domitianus'a ait dev bir heykelin başı ve kolu bulunmuştur. Kolun dirsekten yumruk yapılmış el kısmına kadar uzunluğu bir insan boyundadır.

Kuretler Caddesi'nin ucu Çarşı Bazilikası olarak bilinen bir yapıya ulaşır. Doğuya doğru uzanan bu ince uzun yapının güney kenarında kentin ikinci agorası, kuzey kenarında da, içinde kutsal ateşin yandığı *prytaneion* (yönetim yapısı) ve Vedius'un kente armağanı olan, 1.400 kişilik, yarım daire biçiminde, üstü kapalı bir **odeion** yer alır. Bazilikanın doğu ucunda Varius Hamamı bulunur. Koressos Dağından gelerek bütün vadiyi geçen Gaius Sextilius Pollio Sukemeri dikkate değer bir yapıdır. Erken Bizans döneminden Pion Dağındaki surlar ile Yedi Uyurlar'a ait bir kilise kalıntısı kalmıştır.

Kazılarda ele geçen yapıtlar Selçuk Müzesi'nde görülebilir. Ephesos buluntularının bir bölümü de İzmir Arkeoloji Müzesi'nde sergilenmektedir.

Selçuk

Efes'in bitişiğindeki Selçuk, Ephesos limanının alüvyonlarla dolup kullanılamaz hale geldiği 5. yüzyılda önem kazanmaya başlamıştır. St. Jean Kilisesi'nin yer aldığı **Ayasuluğ** (Hagios Thelogos) **Tepesi**'ne Bizanslılarca inşa edilen kale kentin gelişmesinde büyük bir rol oynamıştır. Ancak 11. yüzyılda Selçukluların ele geçirdiği Ayasuluğ, Bizanslılar ve Anadolu Selçukluları arasında bir süre el değiştirdikten sonra 1426'da kesin olarak Osmanlı topraklarına katılmıştır.

Selçuk'ta Ephesos kenti kalıntıları, sukemerleri, Belevi köyü yakınlarındaki İÖ 3. yüzyıla ait mezar anıtı ile İÖ 4. yüzyıl tarihli tümülüs, Selçuk Kalesi ve İsa Bey Camisi görülmeye değer yerler arasında sayılabilir. Ayrıca 1961'de papalık tarafından kutsal hac yeri ilan edilen **Meryemana Evi** ("Panaya Kapulu" olarak da bilinir) özellikle yaz aylarında çok sayıda yerli ve yabancı turisti kendine çeker.

Kalenin aşağısında ise **Arkeoloji Müzesi** yer alır; burada sergilenen Efes'ten getirilmiş sanat eserlerinin oluşturduğu muhteşem koleksiyonu sakın kaçırmayın. İlk salon küçük objelere ayrılmıştır; Eros'u bir yunusun üzerinde betimleyen heykelcik, Yamaç Evler'den getirilmiş minyatürler, Sokrates'in betimlendiği bir duvar resmi ile yamaç evlerin bir odasının canlandırması burada sergilenir. İkinci salonda, Ephesos'tan getirilen genç Dionysos heykelini görebilirsiniz. Üçüncü odada erken dönem haçlar ile Meryemana ve azizlerin çeşitli tasvirleri yer alır. Dördüncü salonda, avludaki lahitlerle ilgili olarak, mezarlardan çıkarılan çeşitli eşyaları görebilirsiniz. Beşinci Salon Artemis'e ayrılmıştır, tanrıçanın bacakları ve kalçaları hayvan ve arı kabartmalarıyla süslenmiş, vücudunun üst kısmı bereketi simgeleyen çok sayıda memeyle donatılmış, saçları ise yüksek bir biçimde başının üzerine toplanmış heykeli buradadır. Müzede göreceğiniz kopyanın büyük bir olasılıkla, İS 117-138 arasında Hadrianus döneminde yapıldığı sanılmaktadır. Altıncı Salon'da ise Hadrianus Tapınağı'ndan getirilen friz görülmeye değer.

Selçuk'tan Efes'e doğru giderken, bir zamanlar Dünyanın Yedi Harikasından biri olan **Artemis Tapınağı**'nın kalıntılarını görebilirsiniz. İÖ 560-550 civarında Lidya Kralı Kroisos tarafından İon düzeninde yaptırılan tapınak, İS 262'de istilacı Gotlar tarafından yıkıldıktan sonra bir daha onarılamadı. Tapınak, boyutlarının büyüklüğü kadar heykelcilik

Kuşadası, Kadınlar Plajı'nda denizin, güneşin ve kumun tadını çıkaranlar.

ürünleriyle de ünlüydü. Tanrıçanın Yunan üslubuna yabancı bir tarzda betimlendiği ünlü Artemis heykelinin kopyaları günümüze değin gelmiştir.

Kuşadası

Selçuk'un 20 km güneybatısında bulunan Kuşadası, feribotların ve gezi teknelerinin değişmez duraklarından biri olması nedeniyle, aynı zamanda Efes'e gelen turist gruplarının da karaya ilk ayak bastıkları yerdir. Kuşadası her zaman son derece kalabalıktır. Kaliteli restoran ve otellere sahip olmanın yanında ülkenin diğer yerlerine giden otobüslerin kalktığı işlek bir garı da vardır. Ufak merkezi tarihi dokusunu koruyabilmiştir; en güzel plajları da çok yakınlardadır. Güneyde

Kadınlar Plajı, birkaç kilometre kuzeyde ise karayolunun hemen dışında Tusan plajı yer alır. Aynı yol üzerinde birkaç kilometre ötede Pamucak plajı bulunur; rüzgâr kuvvetli değilse burada yüzmek kaçırılmayacak bir fırsattır.

Pamukkale

Kuşadası'ndan E87 karayolu doğuya, Anadolu'ya aynı zamanda da büyüleyici manzarası ve yıkıntılarıyla sessiz bir şekilde yatmakta olan Pamukkale'ye doğru döner. Yolculuğunuz biraz uzun sürebilir (yaklaşık 170 km).

Pamukkale'nin kaynak sularında, antik yıkıntıların arasında yüzmek çok zevklidir.

Pamukkale'yi uzaklardan bir düzlüğün üzerinde yükselen beyaz bir taş yığını olarak algılarsınız. Ancak yanına yaklaştıkça bu taş yığını çiçekleri, kuşları, şelaleleri ya da hayalgücü ürünü olabilecek her şeyi andıran fantastik şekillere dönüşecektir. Bu ilgi çekici güzelliğin kaynağı, Büyük Menderes Irmağı'nın başlıca kollarından Çürüksu'nun suladığı ovanın kuzey kenarından çıkan sıcak madensuyu kaynakları ve beyaz travertenlerdir. Travertenler deniz yüzeyinden 400 m yükseklikteki bir düzlük ile bu düz alanın yamaçlarında oluşmuştur. Kaynarcalardan çıkarak traverten oluşum alanına doğru akan, kalker içerikli ve $33-35,5\ °C$ sıcaklığındaki madensuları yüzeye çıkar çıkmaz karbon dioksit gazının uçması ve sudaki kirecin çökelmesi sonucunda pamuk yığınlarını andıran ilgi çekici bir görünüm kazanır.

Buraya, platonun eteklerinde yer alan **Pamukkale Köyü**'nden gelinir. Köyden yukarıya araba ya da otostopla çıkabilirsiniz; Kuzey girişini tercih edin. **Traverten teraslara** kadar inmekten kendinizi alamayacaksınız. Süt rengindeki suyla dolu havuzların etrafınızı çevrelediğini göreceksiniz, adımınızı atmadan önce tek yapmanız gereken ayakkabılarınızı çıkarmaktır. Bu şifalı suların tadını çıkarmak için köye yakın olan Pamukkale Hotel'e de gidebilirsiniz. Bir zamanlar kutsal kabul edilen, bahçeler içindeki (birkaç sütun yıkıntısının da içinde bulunduğu) havuza belli bir ücret karşılığında girebilirsiniz.

Bütün yorgunluğunuzu atıp dinlendikten sonra, Denizli'nin yaklaşık 15 km kuzeyinde bulunan eski Frigya kenti Hierapolis'in kalıntılarını gezmeye başlayabilirsiniz. İÖ 190'da Pergamon (Bergama) kralı II. Evmenes tarafından kurulduğu sanılan Hierapolis daha sonra kutsal bir kent ("*hieron*") olmuştur. Burada Tanrıça Leto'nun adına, Letoia denilen törenler düzenlenirdi. Leto, Yunan mitolojisindeki anatanrıçanın yerel bir karşılığıydı. Roma imparatoru Tiberius'un döneminde İS 14-37 yılları arasında Hierapolis yeniden inşa edil-

Pamukkale'nin kalsiyum tuzlarıyla sertleşmiş dünyaca ünlü beyaz travertenleri.

di ve 1334 yılındaki bir depremden sonra terk edilene dek varlığını sürdürdü.

Günümüzde müze olan İS 2. yüzyıldan kalma hamamla, yine aynı döneme tarihlenen tiyatro, kısmen ayakta kalmış önemli yapılar arasındadır. Ayrıca iki tane sütunlu cadde, Domitianus Takı (İS 82-83) ve Hıristiyanlık döneminden bir bazilika ile (İS 6. yüzyıl) sekizgen planlı St. Philippus Martirionu (İS 5. yüzyıl) günümüze ulaşmıştır. Kentin nekropolü tümülüs, lahit ve ev tipi mezarlarıyla Geç Helenistik dönemden Hıristiyanlığın ilk dönemlerine değin kullanılmıştır. Mezarlardan bazılarının üzerindeki zarif süslemeleri ve yazıtları görebilirsiniz. Nekropolden sonra hamamlara dönün; hemen yakınlarında revaklı, geniş bir cadde uzanır. Bir zamanlar şehrin ticaret merkezi olan bu caddenin yıkılmış mermerlerini artık kertenkeleler aşındırıyor.

Aphrodisias

E8 üzerinden yönünüzü kıyıya çevirmişken güneye, sizi Pamukkale'den 80 km uzaklıktaki Aphrodisias'a götürecek olan 585 karayoluna sapın. Yaşamın ve bereketin simgesi Aphrodite'nin adına Geç Helenistik dönemde kurulan ünlü kentin adının Tanrıça Astarte ya da İştar'ın, Akatça Nin, Nina ve Nino olan adlarından türediği sanılmaktadır. Aphrodite kültünün Doğu kökenli İştar kültünden çok etkilendiği ve Anadolu'da iki kült arasında yakın benzerlikler bulunduğu kesin olarak söylenebilir.

İlk yerleşimin tarihinin Kalkolitik çağa kadar uzandığı belirlenmiştir. Ancak yine de İÖ 2. yüzyıla değin kentin durumuyla ilgili fazla bir bilgi elde edilememiştir. İÖ 2. yüzyılın sonlarında Marcus Antonius kente özerklik vermiş ve Aphrodite kültünün dokunulmazlığını kabul etmiştir. İS 22'den sonra Aphrodisias, yalnızca bir dinsel merkez olarak değil, aynı zamanda güzel sanatlar ve edebiyat merkezi olarak da ün kazanmış ve kentin zenginliği doruğuna ulaşmıştır. Kazılarda ele geçen heykeller de kentte büyük bir heykelcilik okulu bulunduğunu kanıtlar niteliktedir. Hıristiyanlık döneminde bir piskoposluk kurulan kentin adı Stravropolis'e dönüştürülmüştür. 11 ve 12. yüzyıllarda Selçuklu ve Osmanlı Türklerinin Anadolu'ya gelişleriyle pek çok kez el değiştirmiş ve zamanla önemini yitirmiştir. Üzerinde bulunan Geyre köyünün 1956'daki depremden sonra hasar görmesiyle bir kez daha terk edilmiştir.

Kent, Roma döneminde yapılmış 3,5 km'lik bir surla çevrilidir. Surun yapımında heykeller, yazıtlar ve mimari değer taşıyan kalıntılar kullanılmıştır. Akropolis olarak nitelenen bölümün gerçekte tarihöncesinden kalma bir höyük olduğu,

Roma Lahti'nin incelikli taş işçiliği,
büyük ölçüde günümüze kadar ulaşmayı başarmıştır.

burada bulunan Anadolu Tunç Çağına ait parçalardan anlaşılmaktadır. 15 m yüksekliğindeki höyüğün doğu yamacına Romalılar bir **tiyatro** yapmışlardır. Tiyatronun kazısı 1973'te tamamlanmış ve bütün bölümleri açığa çıkarılmıştır. Arena olarak da kullanılan tiyatronun 10.000 kişi alabilecek kapasitede olduğu söylenebilir.

5. yüzyılda bir bazilikaya dönüştürülen, kentin en önemli yapısı olan **Aphrodite Tapınağı** yerleşmenin merkezinde yer alır. Yapımına İÖ 1. yüzyılda başlanan, İon üslubundaki tapınağı çevreleyen sütunlardan 14'ü günümüze kadar kalmayı başarmıştır. Kentin en etkileyici yapısı olan **stadion**, dünyadaki benzerleri arasında bugüne değin en iyi korunabilmiş örneklerden biridir. Kentin kuzeybatısında 262 m boyunca uzanan *stadion*un genişliği 59 m'dir ve 30.000 izleyici kapasitesine sahiptir.

Yine günümüze kadar ayakta kalmış yapılar arasında bulunan Hadrianus Hamamları İS 117-18 civarında İmparator Hadrianus döneminde büyük tufa bloklarından yapılmış, mermer ve renkli taşlarla döşenmiştir. Ancak birkaç sokak ve yolun yeri belirlenebilmişse de kent dokusunun birbirini kesen ızgara şeklindeki planı açığa çıkarılabilmiştir. Aphrodisias kazılarından ele geçen buluntular burada açılan **müze**de görülebilir.

Priene

Kıyıya vardığınızda Kuşadası'ndan 37 km uzaklıkta kalan Priene, Söke'nin 20 km kadar güneybatısındadır. Çamlarla kaplı Mykale (Samsun) Dağı'na yaslanan bu antik kentin İÖ 1000'lerde Eski Yunan dilinin İon lehçesini kullanan göçmenler tarafından kurulduğu sanılmaktadır. Kalıntıları bugün bataklık altında kalmış olan ilk kent deniz kıyısındaydı ve iki limanı vardı. Yeni kent daha yüksek bir yerde, bugün kalıntıların bulunduğu yerde, Atina örnek alınarak kurulmuştur. Roma döneminde körfezin Maiandros'un getirdiği alüvyonlarla dolması nedeniyle giderek önemini yitirmiştir.

Yıkıntılara ulaşmak için zorlu bir yokuşu tırmanmanız gerekir. Yıkıntılarda açıklayıcı tabelalar vardır ancak bir harita edinmeniz çok daha yararlı olur. Siyasal açıdan fazla önemi olmayan Priene, antik kent planlamasının günümüze kalmış en tipik örneklerinden biri olmasıyla önem taşır. 2,5 km uzunluğunda surlarla çevrilmiş olan kent, ızgara plana göre düzenlenmiştir. Sur üzerinde doğu, kuzeydoğu ve batıda üç tane kapı vardır. Taş döşeli uzun bir rampa ile girilen kemerli kuzeydoğu kapısının kuzeyinde kentin su ihtiyacını karşılayan üç sarnıç bulunur. Aynı kapıdan batıya doğru Tiyatro Caddesi uzanır. Bu caddeyi ve ona koşut biri 7,5 m, diğer üçü 4,4 m genişliğindeki dört caddeyi 3,5 m genişliğinde kuzey-güney doğrultusunda sokaklar dikine keser. Arazinin eğimi nedeniyle bu sokaklar merdivenli yapılmıştır.

Kentin doğusunda, Tiyatro Caddesi'nin güneyinde Mısır Tanrıları Kutsal Alanı bulunur. Tiyatro Caddesi boyunca batıya doğru ilerlerseniz, kentin en iyi korunmuş yapılarından biri olan tiyatroya ulaşırsınız. *Skenesi* (sahne yapısı) Roma döneminde değiştirilmiş olan yapı, Helenistik dönemin en güzel tiyatrolarından biridir. Tiyatronun kaşısında İÖ 4. yüzyıl civarında inşa edilmiş olan yukarı *gymnasion* bulunur. Tiyatronun batısında ise, akropolisi oluşturan kayalığın eteğinde, Demeter-Kore Tapınağı yer alır. Tiyatro Caddesi ile daha güneydeki cadde arasında bulunan **Athena Tapınağı** kentin en eski yapısıdır. Mimar Pythios'un yaptığı tapınak İon düzenindedir ve kısa kenarında 6'şar, uzun kenarlarında 11'er sütuna sahiptir.

Kentin orta kesiminde kutsal *stoa* bulunur. Onun yanında, üç tarafında oturma sıraları, ortasında bir sunağı bulunan 640 kişilik *bouleterion*, yani kent meclisi yükselir. Agora *stoa*nın güneyindedir. Bunun doğu kanadında İÖ 3. yüzyıla

Priene'de bulunan Athena Tapınağı'nın ihtişamlı İon sütunları.

tarihlenen, İon düzenindeki Zeus Tapınağı, kuzeybatısındaysa et ve balık agorası yer alır. Bundan sonra yolun her iki tarafında batı kapısına kadar, kapıları küçük caddelerden birine açılan iki katlı evler sıralanır. Batı kapısı civarındaki bir ev İskender Evi olarak bilinir. Yazıtında yalnızca beyaz giysiyle girilmesi gerektiği belirtilen bu ev kutsal yerlerden biridir. Batı kapısının iç yüzünde Kybele Kutsal Alanı bulunur. Kentin güney ucunda spor alanı ve dersanelerden oluşan aşağı *gymnasion* yer alır. *Gymnasion*un doğu kenarında bulunan *stadion*, kentin güney suru boyunca uzanır.

Son olarak, hava çok sıcak değilse ve kendinizi hâlâ enerji dolu hissediyorsanız akropolisin tepe noktasına tırmanın. Tırmanış bir saatten fazla sürse de yemyeşil vadiden geçen Menderes Nehri ile uzaklarda denizi gören Priene manzarası için bu çabaya değecektir.

Didyma

Priene'nin 36 km güneyinde yer alan Didyma, muhteşem Apollon Tapınağı'nın bulunduğu yerdir. Tarihi eser görmekten sıkılıp dağ bayır dolaşmaktan yorulanlar yakınlardaki plajlardan birine gidip enerji depolayabilirler.

Didim günümüzde hediyelik eşya dükkânları, barlar, kafeler ve restoranlarla dolu cıvıl cıvıl bir turizm merkezidir, ancak antik Didyma, tarihinin önemli bir bölümünde Apollon kehanet merkezlerinden biri olarak önemini korumuştur. Kutsal alan Persler tarafından İÖ 494'te yıkılana değin, Brankhosoğulları tarafından yönetiliyordu. Büyük İskender İÖ 334'te Miletos'u aldıktan sonra Miletoslular Yunan dünyasının en büyük tapınağını inşa etmeye koyuldular. Ölçüleri çok büyük tutulan tapınağın yapımı İS 2. yüzyılın ortalarına değin sürdüğü halde tamamlanamamıştır. Daha sonra içine bir kilise ve başka binalar yapılan tapınak 15. yüzyılda bir deprem sonucu kısmen yıkılmıştır.

Buraya, sütunların batan güneşin kızaran ışınlarıyla alevlendiği akşam saatlerinde gelmeye çalışın. Tapınak, iki sıra halinde dizilmiş (ve bir kısmı yeniden dikilmiş) 108 adet sütun ile çevrelenecek şekilde tasarlanmıştır. Bu sütunların basamaklı bir platform üzerinde durduğu düşünülürse, tapınağın ihtişamını hayal etmek mümkün olabilir. Tapınağa girerken Roma döneminden kalma bir Medusa başıyla karşılaşırsınız. Bu, ören yerinde kalan az sayıdaki orijinal taş oymalardan biridir. Bir zamanlar Medusa'nın altındaki kuyuda arındıktan sonra kâhinin vereceği cevapları öğrenmek için içeri girilirdi. Tapınağın daha içlerinde Apollon heykelinin bulunduğu küçük *naos*un (*"naiskos"*) temeli ile kutsal pınar bulunmaktadır.

Didyma civarında birçok güzel plaj da bulunur. Bunların en ünlüsü olan, yaklaşık 5 km güneyde bulunan **Altınkum**, bir kilometre uzunluğunda güzel bir plajdır. Biraz daha kuzeydeki **Tavşanburnu** ise genellikle daha sakindir.

Bodrum

İki körfez üzerinde kurulmuş, güneye bakan Bodrum, Didyma'dan 125 km uzaklıkta, gözde bir turizm beldesidir. Yapı-

Teknelerle gelen turistler Bodrum'un hareketli gece hayatının ve muhteşem plajlarının büyüsüne kapılmaktan kendilerini alamazlar.

ların belli bir yüksekliği geçmesi yasalarla engellendiği için masmavi Ege suları hemen hemen her yerden görülür. Kıpır kıpır gece hayatı ve restoranlarıyla ünlü Bodrum'da Sualtı Arkeoloji Müzesi'ni gezmeyi de ihmal etmeyin.

Antik Çağda Halikarnassos olarak bilinen Bodrum'un, İÖ 11. yüzyılda Karialılar tarafından kurulduğu sanılmaktadır. Herodotos İÖ 7. yüzyılda Halikarnassos'un 6 kentten oluşan Heksapolis Birliği içinde yer aldığını yazar. Ancak kent İÖ 334'te İskender'in orduları tarafından yerle bir edilir. İÖ 3. yüzyılda Mısır'daki Lagos hanedanı Halikarnassos'u donanma üssü haline getirir. Daha sonra Roma uydusu olan kent, Bizanslıların eline geçer. 1415'te kenti ele geçiren St. Jean Şövalyeleri **Bodrum Kalesi**ni inşa ederler.

Kaleye daha sonra Petrus'un adını vererek Petronium der-
ler. Bu ad ilçenin adına da kaynaklık etmiştir. St. Jean Şöval-
yeleri kaleyi yaparken, İÖ 4. yüzyıldan kalma Kral Mauso-
los'un ünlü anıtmezarı Mausoleion'un kalıntılarını kullanır-
lar. Bodrum'un her yerinden görünen kale, bir zamanlar ada
olan Zephyria adını taşıyan kayalığın üzerinde yükselir. Ka-
lede yine St. Jean Şövalyeleri'nin yaptığı Gotik bir kilise ile
beş kule bulunur. Kaleyi alan Kanuni Sultan Süleyman kili-
seyi camiye çevirtmiş, kaleye de bir hamam yaptırmıştır.
Bodrum kalesi 26 Mayıs 1915'te Fransız zırhlısı "Dublex"
tarafından bombalanmıştı. Onarım çalışmaları ise 1963'te
başlamıştır. Zengin Sualtı Arkeoloji Müzesi'nde 1025 civa-
rından kalma bir Bizans gemisi ile içindekilerin sergilendiği
Cam Batık Salonu olarak düzenlenen şövalyelerin yemekha-
nesini mutlaka görün. Bodrum pazarı kalenin kuzeyinde ku-
rulur; küçük taş evlerle dolu şirin bir semtin çevrelediği an-
tik mozole ise limanın iki blok üzerinde görülebilir.

Bodrum'un batısına doğru bir yarımada uzanır; bu yarı-
madanın bazı yerleri otellerle insafsızca doldurulmuş olsa da
yer yer bozulmamış ilçe ve plajlara rastlamak mümkündür.
Bodrum'da ayrıca etkili bir dolmuşlar ağı, neredeyse 24 sa-
at bounca hizmet verir. Güney kıyıda **Bağla** nefis bir plajdır;
Karaincir, rüzgâr sörfü yapmak isteyenler için doğru seçim
olacaktır. **Akyarlar**'da ise Bodrum'un en güzel balık resto-
ranlarını bulabilirsiniz. **Gümüşlük** güzel bir plajı olan sessiz
bir köydür. Kuzey kıyıda ise Gündoğan, güvenilir rüzgârla-
rıyla yelkencilerin ve sörfçülerin tercihidir.

AKDENİZ KIYISI

Ülkenin güney kıyısı, uluslararası turizm literatüründe Tur-
kuvaz Kıyı ya da Türk Rivierası gibi adlarla anılmaktadır.
Akdeniz bu adların çağrıştırdığı ince kumlu plajlar ve mas-
mavi sulara sahip olmanın yanı sıra ziyaretçilerine çok daha

Marmaris'in güzel yat limanına demirlemiş teknelerle kıyı boyunca dolaşmanın keyfini çıkarabilirsiniz.

fazlasını sunar; antik medeniyetlerin öykülerle dolu yıkıntıları, yüzlerce yıllık kentler ve muhteşem manzaraları görülmeye değer.

Marmaris ve Datça Civarı

Akdeniz kıyısının büyüklü küçüklü yerleşimlerinden en eskisi, daha güzel yörelere turist taşıyan teknelerin kalkış noktası, kalabalık bir belde ve aynı zamanda da bir yat limanı olan Marmaris'tir. Ardı arkası kesilmeyen barlar dizisinin dışında Marmaris'in en çekici yanı Datça Yarımadası, ormalık dağlar, nefis plajlar (İçmeler plajı ile Günnücek ve Çetibeli gibi orman içi dinlenme yerleri) ve bembeyaz evlerle dolu eski bir kasabayla çevrili olmasıdır. Marmaris'in dar sokakları, rengârenk baharatların satıldığı pazar ile **kale** arasında göz alabildiğine uzanır. Osmanlıların Rodos adasına sefer düzenleği 1522'de inşa edilen kalenin avlusundaki bahçe ile surlardan görülen deniz manzarası çok güzeldir.

Adını aldığı yarımadanın ucunda bulunan **Datça**, küçük balıkçı köyü havasını korumayı başarmıştır. Kalabalıktan uzaklaşmak istiyorsanız Datça'nın virajlı yollarını aşmak için harcayacağınız çabaya değecektir. Yol dolambaçlı ve dar olsa da, çam ormanlarından ve gizli koylara bakan yamaçlardan geçtiği için son derece zevklidir.

Karayolu dışında Datça'ya, Ege ve Akdeniz sularının birleştiği noktada, bir burnun üzerinde yer alan Knidos'tan tekneyle de ulaşılabilir. Antik Karia bölgesinin ünlü kentlerinden biri olan **Knidos**'un bu şahane konumu, antik dünyanın başlıca limanlarından biri olarak ona önemli bir yer kazandırmıştır. Şehrin tapınakları, agorası, tiyatrosu ve Bizans kilisesi gibi yıkıntılarının güzelliğiyle ünlü Knidos, matematikçi Eudoksos'un da doğduğu yerdir. 19. yüzyıl sonlarında yapılan kazılarda ele geçen buluntular, başta Aslanlı anıt olmak üzere British Museum'da bulunmaktadır. Ayrıca Praksiteles'in Knidos Kenti için yaptığı bilinen ünlü Aphrodite heykeli de kayıptır, yalnızca kaidesi bulunabilmiştir.

Datça pazarının göz alıcı bolluğu, Akdeniz mutfağının sağlıklı yemeklerine dönüşür.

☞ Dalyan

Bu sessiz ve sakin köye Marmaris'ten tekneyle ulaşabilirsiniz; kıyı yolu (400) üzerinden de 75 km uzaklıktadır. Yeşillikler içindeki Dalyan, Karia uygarlığının İÖ 4. yüzyıldan kalma kaya mezarlarıyla bezeli uçurumun yamacında, usul usul akan Dalyan Çayı boylarında yer alır. Biraz yukarıda nehir, **Köyceğiz Gölü**'ne açılır. Bu göl aslında yalıçapkınları, balıkçıllar, leylekler ve çeşitli kuş türlerine ev sahipliği yapan ormanla çevrilmiş bir iç denizdir.

Tekneler önce, kendi halinde sevimli bir balıkçı köyü olan Köyceğiz'de mola verir, daha sonra tam karşıda bulunan **Sultaniye Kaplıcası**na gider. Kaplıca biraz eski yüzlü olsa da mineralli ılık suları, saatlerce gezilen ören yerlerinden sonra yorgunluk atmak isteyenler için idealdir.

Tekneler, Dalyan'dan yaklaşık bir kilometre uzaklıkta, Antik Çağda incirleri ve sıtmasıyla ün salmış olan **Kaunos** şehrinin kalıntılarında durur. Karialıların İÖ 6. yüzyılda kurduğu kent, daha sonra Yunanlıların ve Romalıların eline geçmiş, bir dönemde de kıyının daha doğusunda bulunan Likya medeniyetiyle yakınlaşmıştır. Kaunos'un bu karma geçmişi Roma hamamları-

Kaunos'un Roma dönemi tiyatrosunda dolaşan turistler.

nın, Yunan tiyatrosunun ve Likya kaya mezarlarının sırrını açıklayabilir. Bu mezarların önemli bir özelliği, saray girişleri kadar zarif ön cepheleridir. Kaunos'un akropolisi kentin güneyinde bulunur. Sık çalılıkların arasından yükselen yıkıntılardan en ilgi çekicisi belki de, kenti kuşatan İÖ 4. yüzyıldan kalma surlardır. Ayrıca akropolisin doğu eteğinde bulunan tiyatro da görülmeye değer. Güney kesimi kayaya oyulmuş bu yapı batıya bakmaktadır.

Daha aşağılarda nehir, uzun boylu sazların arasından kıvrılarak ilerleyerek **İstuzu** plajına ulaşır. Hiç kesilmeden 8 km boyunca devam eden bu plaj, *Caretta caretta* adı verilen kaplumbağaların yumurtalarını bıraktıkları sahil olarak sıkı bir şekilde korunmaktadır. Kaplumbağaların kendilerini olmasa da bıraktıkları izleri görebilirsiniz. Plaj, dişi caretta'ların yumurtalarını bırakmak için karaya çıktıkları ve yavruların doğar doğmaz denize yöneldikleri Mayıs ve Ekim ayları arasında geceleri ziyarete kapalıdır.

Fethiye

Dalyan'ın 90 km doğusunda bulunan Fethiye, doğal güzellikleri ve tarihsel zenginlikleriyle önde gelen turizm merkezlerinden biridir. Bugünkü Fethiye kenti yakınlarındaki Belen'de İÖ 3000'lerde kurulduğu sanılan antik Telmessos kenti Likya'nın Karia sınırında yer alıyordu. Yüzyıllar boyunca Akdeniz'de hüküm süren bütün uygarlıkların ele geçirdiği kent İS 8. yüzyılda Anastasiuopolis, 9. yüzyıldan sonra da Makri adıyla anılmaya başladı. Zamanla Meğri'ye dönüşen adı 1913'te uçağı düşen ilk hava şehitlerinden Fethi Bey'in anısına bugünkü adını almıştır.

Günümüze ulaşmayan antik Telmessos kentinin depremlerle yıkıldığı ve kalıntılarının sonraki yerleşmelerde kullanıldığı sanılmaktadır. Kent çevresinde görülen genellikle ev biçimindeki kaya mezarları Likya sanatının ürünleridir.

Fethiye müzesini ziyaret ederseniz civardan çıkarılan bulguları görebilirsiniz. Kalıntıların yanı sıra el sanatları tezgâhları, pazar ve kasabanın gündelik hayatı da ilginizi çekecektir. Fethiye en cazibeli yönünü, insanların liman boyunca uzanan yürüyüş yolunda gezintiye çıktığı akşam saatlerinde gösterir. Gündüz ise limandan, **Oniki Ada ile Gemile Adası**'nın gizli koylarına ve bakir plajlarına giden tekneler kalkar. Bu adalarda da yer yer Bizans ve Likya kalıntılarına rastlayabilirsiniz.

Pek çoğu uzun zamandır kullanılmamış güzergâhlardan oluşan yollar ağından Fethiye'nin kuzeyindeki kalabalık Çalış plajına, güneyinde ise daha keyifli ve sakin olan Gemiler'e ulaşabilirsiniz. Fethiye kalesinden başlayan dar bir yolun yaklaşık 7. km'sinde bulunan Kayaköy (Karmylessos) zengin tarihsel yapı kalıntılarıyla ilgi çekicidir.

Ölüdeniz'in kendine has doğası deniz, güneş ve kum üçgeninde kalabalıkları kendine çeker.

Ölüdeniz

Fethiye'nin 15 km güneyinde yer alan bu ünlü plajın fotoğ-
raflarına turizm afişlerinde mutlaka rastlamışsınızdır. Ölü-
deniz'in adı, dalgaların etkilemediği durgun bir deniz parça-
sı olmasından dolayı verilmiştir. Kumburnu kesiminde bir
orman içi dinlenme yeri bulunur. Her yıl binlerce yerli ve
yabancı turisti kendine çeken Ölüdeniz, her zaman kalabalık
olsa da görülmeye değer.

Likya Medeniyetinin Kalıntıları

Fethiye ile Ölüdeniz'in doğu ve güneyinde, kıyıya paralel
uzanan yüksek dağlar ve verimli vadiler, Likya medeniyeti-
nin beşiği olmuştur. İÖ 3. yüzyılın başlarında yerleşildiği bi-
linen bölgede, İÖ 2. binyılda Lukalar yaşıyordu. Bu halkın
daha sonraki Likyalıların atası olduğu sanılmaktadır. Home-
ros'un İlyada'da Troyalıların yanında savaştığını anlattığı
Likyalılar, Herodotos'a göre Girit kökenliydi. Likyalılar İÖ
7. yüzyılda bir krallık kurmuşlardı, ancak bölge daha sonra
Perslerden başlayarak çeşitli işgallere uğramıştır. İÖ 167'de
ise Likya Birliği kurulmuştur. İS 141'deki depremde büyük
zarar görmüş, 240'taki diğer depremler ve korsanlar ise Lik-
ya kentlerinin sonunu getirmiştir. Likyalılar, tarihin ilk sik-
kelerinden kaya mezarlarına, daha da önemlisi kentlerine ka-
dar medeniyetlerinin varlığını kanıtlayan pek çok iz bırak-
mışlardır.

Tlos ve Pınara

Tlos ile Pınara'nın yıkıntıları, günümüzde Eşen Çayı olarak
bilinen nehrin iki tarafında yükselen dağların karşılıklı tepe-
lerinde yer alır. Fethiye'nin 22 km doğusundaki **Tlos**'un
köklü geçmişinden bugüne kalmayı başaran yıkıntıları, İÖ 7.
yüzyıldan kalma kaya mezarları ile Roma tiyatrosu ve surla-

rıdır. Bölgede henüz hiçbir kazı yapılmamıştır. Doğal bir kayalık üstünde bulunan akropolisteki sur ve önemli yapı kalıntıları Osmanlı döneminden kalmadır. En yüksek noktada ise bir 19. yüzyıl derebeyinin konağının ve askerlerin kaldığı yapıların kalıntıları bulunur. Buradan ayrıca, **Saklıkent** vadisinin nefes kesen manzarasını da izleyebilirsiniz. Bu dar yarığa, sessiz dağların içlerine kıvrılan dere ve çağlayanların yanından, yüksek kayalıkların arasından uzanan patikadan ulaşabilirsiniz.

Vadinin tam karşısında, Tlos'un 20 km güneyinde yer alan **Pınara**'ya ulaşmak biraz daha zordur. Likya dilinde adı Pinale olarak bilinen kent Ksanthos'tan gelen kolonicilerce kurulmuştur. Likya Birliği'nin altı büyük kentinden biriydi. Sonraları bir piskoposluk merkezi olarak varlığını 9. yüzyılın sonlarına kadar sürdürmüştür.

Kentin batısındaki kayalık akropolise, kalıntıları kısmen görülebilen kayaya oyulmuş merdivenli yoldan çıkılır. Kentin özel yapıları akropolisin doğu eteğindeki terasta görülebilir. Burada ayrıca Roma dönemine ait bir tapınağın kalıntıları ile bir koruma duvarıyla çevrelenmiş ikinci bir tapınak ya da mezar yapısı vardır. Kentin güneyinde lahitlerden oluşan bir nekropol yer alır. Doğuda, bir kayalığın batı eteğinde İS 2. yüzyıldan kalma iyi korunmuş tiyatro, zeytin ağaçlarının arasında yükselir.

Letoon

Pınara'nın 16 km güneyinde bulunan Letoon, Likya'nın ulusal tanrıçası Leto'ya ve çocukları Apollon ile Artemis'e adanmış bir mabettir. Bir zamanlar bu mabette festivalleri kutlamak için Akdeniz'in çeşitli şehirlerinden gelen Likyalılar toplanırlardı. Burada yapılan kazılarda **üç tapınak** ortaya çıkarılmıştır. Bunlardan ilki İon düzenindedir. İÖ 150-100 arasına tarihlenen bu tapınağın doğusunda, daha sonra

Likyalıların en önemli mabetlerinden Letoon'da bulunan üç tapınaktan biri Leto'ya adanmıştır.

yapılmış bir tapınak daha bulunmuştur. İkisinin arasında ise daha eski tarihli, küçük üçüncü tapınak yer alır.

Merkezdeki tapınağın Artemis'e, diğerinin de Apollon'a adandığı tahmin edilmektedir. Apollon tapınağının zemininde bulunan mozaik, ikiz kardeşleri sembolik olarak betimler (ok ve yay Artemis'e, lir ise Apollon'a atfedilir). *Nymphaeum*daki büyük havuz, içindeki heykellerin uzun bir süredir kayıp olduğu boş nişlerle çevrilmiştir. Tapınakların doğusundaki bir yamaçta yer alan tiyatrodan günümüze kalanlar da görülmeye değer.

Ksanthos

Letoon'un yanındaki vadinin tam karşısında, Likya kentlerinin en büyük din ve yönetim merkezi, aynı zamanda günümüze kalan yıkıntılarının en genişi olan Ksanthos yer alır.

Kentin adı Likya yazıtlarında Arnna olarak geçer. Homeros Troya Savaşı sırasında Ksanthosluların Troyalılar safında savaştıklarını yazmıştır. İÖ 545'te akropolisi kuşatan Pers komutanı Harpagos'a teslim olmaktansa, kadın ve çocuklardan başlayarak herkesi öldürüp kenti ateşe veren Ksanthoslulardan sonra kent yaklaşık bir yüzyıl sonra yine bir yangınla harabeye dönmüştür. Daha sonra Büyük İskender'in ele geçirdiği Ksanthos'u bir kez de Brutus yakıp yıkmış, ertesi yıl kent Marcus Antonius tarafından yeniden imar görmüştür.

Patara'nın zengin tarihinden günümüze kalanlar – kent kapısı ve Likya lahti.

Ksanthos'un akropolisi Eşençay kıyısında küçük bir kayalık üzerindedir. Günümüze kadar ulaşan ve akropolisi kuşatan surlar Helenistik ve Bizans dönemlerinden kalmadır. Bizans sur kalıntısının üzerinde Roma tiyatrosu bulunur. Tiyatronun batısında kentteki ilgi çekici mezar anıtları ve onun yanında da Harpyalar anıtı görülebilir. Büyük olasılıkla rüzgâr perisi olduğu düşünülen Harpyaların hayalet de olabileceği iddia edilmiştir. Homeros Odysseia'da Harpyalardan insanları sürükleyen birer rüzgâr olarak bahsetmiştir. Ancak burada göreceğiniz rölyefler orijinal değildir. 1838-44 yılları arasında burada kazı yapan İngiliz arkeolog Charles Fellow, ele geçirdiği yapıtları British Museum'a götürmüştür.

Agoranın doğu köşesinde İÖ 5. yüzyıldan kalma tek bir taş bloktan oluşan bir anıt görülür. Roma dönemi akropolisi daha kuzeyde ve daha geniş bir alana yayılmıştır. Burada da bir Bizans bazilikasıyla kaya mezarları ve mezar anıtı görülebilir. Helenistik kapının kuzeyinde İÖ 400'lerden kalma Nereid Anıtı yer alır. Bugün tabanından bir sıra kalmış olan anıtın üst bölümü British Museum'a götürülmüştür.

Patara

Likya'nın önemli limanı ve antik dünyanın metropolislerinden biri olan Patara, Ksanthos'un 18 km güneyinde bulunur. Antik yazıtlarda Pttara olarak geçen kent aynı zamanda Noel Baba'nın (Aziz Nikolaos) da doğum yeridir.

Ne zaman kurulduğu tam olarak bilinememekle birlikte İÖ 5. yüzyılda var olduğu kesin olan Patara, Bizans döneminde de liman kenti kimliğini korumuştur. Daha sonra limanın dolmasıyla önemini yitirmiştir. Patara Apollon kehanet merkezi olarak da önem taşıyordu. Sadece kış aylarında açık olan merkez, yaz aylarında Delos'a taşınırdı.

Kente zafer takı biçimindeki üç gözlü bir kapıdan girilir. Onun güneyinde Vespasianus Hamamı bulunur. Onun da biraz ilerisinde İS 2. yüzyıl tarihli bezemeleri iyi korunmuş bir tapınağın kalıntısı yer alır. Kentin en iyi korunmuş yapılarından biri olan tiyatronun sahne yapısında, buranın İS 147'de yapıldığını yazan bir yazıt yer alır. Tiyatronun yaslandığı tepede Athena Tapınağı'nın kalıntıları görülebilir.

Günışığına çıkarılmayı bekleyen kalıntılar Patara'yı cazip kılar, ancak 12 km'lik ıssız **plaj**ını da unutmamak gerekir. Türkiye'nin kesintisiz uzanan en uzun kumsalı, hem plajın keyfini çıkarmak isteyenlerin hem de Mayıs-Ekim arasında yumurtlamaya gelen kaplumbağaların tercihidir.

Kalkan

Deniz kenarındaki bu şirin kasaba ile hemen yanındaki kardeşi Kaş, antik yıkıntılar bakımından pek zengin sayılmaz. Ancak yorgunluğunuzu begonvillerin gölgesinde bir kafede oturup bir şeyler içerek ya da püfür püfür esen yat limanında dolaşarak atabilirsiniz. Buraları ayrıca, kıyıyı keşfederken kendinize üs olarak da seçebilirsiniz.

Patara kavşağının 13 km doğusunda yer alan Kalkan, Kaş'tan daha küçüktür. Bazıları dükkân, restoran ve pansiyon olan kiremit çatılı şirin taş evler, küçük bir limana açılan dik bir yokuşun kenarlarına dizilmiştir. Kalkan, eskisi gibi küçük bir balıkçı köyü olmasa da sessiz ve huzurlu atmosferini korumayı başarmıştır.

Tek eksiği kumlu bir plajdır; burayı tercih edenler ya taşlık kıyısından denize girerler ya da biraz açıktaki dubalara yüzüp dalarlar. Gerçek bir plajdan denize girmek istiyorsanız, 6 km doğuya gidip Kaputaş'ı bulun. Yeri gizli olsa da çoktan keşfedilmiş **Kaputaş**'a aynı adı taşıyan derin vadinin yanı başında, yolun hemen kenarındaki dar merdivenden inerek ulaşabilirsiniz.

Kaş

Tarım ve turizm gelirleriyle öne çıkan Kaş, Kalkan'ın 30 km doğusunda yer alır. Phellos kentinin güneyine kurulduğundan Antiphellos olarak da bilinirdi. Makedonya ve Roma yönetiminden sonra Bizans döneminde bir piskoposluk merkezi olmuştur. Anadolu Selçukluları döneminde Andifli adıyla anılan yerleşme 15. yüzyılda Osmanlı topraklarına katılmıştır. Gölgeli sokaklarının kenarlarında küçük evlerin yanı sıra yer yer kaya mezarlara rastlarsınız. Oldukça iyi korunmuş tiyatrosu ise kasaba camisinden yürüyüş mesafesinde, zeytin ağaçlarıyla kıyının hemen yanında yer alır.

Kaş, aynı zamanda mavi yolculukların değişmez duraklarından biridir; limanı her yaz civardaki adalara giden gezi tekneleriyle dolar. Buradan ayrıca **Meis** adasındaki Kastellórizon köyüne yapılan günübirlik gezilere de katılabilirsiniz.

Kekova

Gezi teknelerinin çoğu Kaş'ın hemen doğusunda uzanan kıyıya adını veren Kekova Adası'na da uğrar. Kekova'ya, Kaş'ın yaklaşık 20 km doğusundaki kavşağa sapıp Üçağız köyüne giden dar yolu izleyerek de ulaşabilirsiniz. **Kekova Adası**nın kuzey kıyısında büyük bölümü denizaltında kalmış batık bir kentin kalıntıları görülür. Sualtı arkeolojisi açı-

Sevimli Kekova Adası'ndaki küçük balıkçı limanı Kale'den bir görünüm.

sından büyük bir önem taşıyan adaya, **Üçağız** ve **Kale** yerleşmelerinden oluşan turistik önemi büyük bir hızla artan Kaleüçağız köyünden ulaşabilirsiniz. Sevimli balıkçı restoranlarının dizildiği kıyıdan bir tekne kiralarsanız, pırıl pırıl suların dibinde görülen kalıntıları seyrederek Kekova Adasına gidebilirsiniz.

Küçük kale yerleşimi St. Jean Şövalyeleri tarafından yapılmış bir kalenin yamacına kurulmuştur. Dar patikadan kalenin surlarına ulaştığınız zaman, yamaca oyulmuş antik tiyatronun nefis manzarasıyla karşılaşırsınız. Biraz aşağıda ise, yarı gömülü Likya mezarlarının bulunduğu küçük limanı görebilirsiniz.

Demre (Kale)

Kıyının hemen aşağısında, Kaş'ın 35 km doğusunda bir Kale daha bulunur. Demre (Myros) Çayının taşıdığı alüvyonlarla zenginleşen bir ovaya kurulmuş olan Demre, Kale adını alan güzel bir ilçedir. Noel Baba ("Santa Claus") olarak bilinen Aziz Nikolaos'un uzun süre Demre'de yaşadığına ve mezarının Myra'da olduğuna inanılmaktadır.

Halkın en önemli gelirini oluşturan turunçgillerin ve domateslerin yetiştirildiği seralar boyunca kasaba merkezinin doğusuna doğru ilerleyin, bu yol sizi **Myra**'ya getirecektir. Nehir kenarındaki bu antik kent Bizans İmparatoru II. Theodosius zamanında Likya bölgesinin merkezi haline gelmiş

Noel Baba'nın (Aziz Nikolaos) heykellerine
Kale'nin her yerinde rastlayabilirsiniz.

ticaret merkezlerinden biriydi; günümüze kalan anıtları da bunu doğrular. Myra'nın kalıntıları kıyıdan 5 km içeridedir. Kentin akropolisi kuzeydeki bir kayalığın üzerindedir ve etrafı Roma surlarıyla çevrilmiştir. Kayalığın güney eteğinde bulunan tiyatronun 35 oturma sırası vardır.

Kentte Aziz Nikolaos'un adını taşıyan bir bazilika vardı. 1034'te Arapların deniz saldırısı sırasında yıkılan kilise Bizans İmparatoru IX. Konstantinos Monomakhos tarafından yeniden yaptırılmış ve zaman içinde bazı onarımlar görerek günümüze kadar ulaşmıştır.

Demre'den Antalya'ya doğru

Kale'den, sarp kıyıyı 30 km boyunca izlerseniz, birçok antik kent kalıntısını barındıran Finike'ye varırsınız. Buradan 32 km kuzeye sapan dolambaçlı yolu da izleyin, bir vadinin çam ormanlarıyla kaplı her iki yamacına da yayılmış olan **Arykanda** yıkıntılarına ulaşacaksınız. Kentin coğrafi konumu savunmaya çok elverişli olduğundan korunma duvarları yoktur. Küçük ama iyi korunmuş olan tiyatrosu görülmeye değer. Mezarlar, pazar yeri ve antik sokaklar burada, ağaçların altında gizlidir. Roma hamamları kompleksinin neredeyse ilk günkü halini korumuş olan duvarlarını, pencere çerçevelerini ve zemini kaplayan mozaiklerini görebilirsiniz. Arykanda'dan ele geçen buluntular Antalya Müzesi'nde sergilenmektedir. Kıyı yoluyla Limyra ile Likyalıların kurduğu Rhodiapolis'e de gidebilirsiniz.

Olympos

Çok eski bir tarihte terk edilmiş olan bu liman kentinin, villarından ve diğer yapılarından günümüze kalanları, Finike'nin 35 km doğusunda, küçük bir çayın iki yanına kurulmuş olan Olympos kentinde görebilirsiniz. Çayın ağzında kuzeydeki bir ortaçağ kalesi yer alır. Kalenin batısında ise bir tapınağın kalıntıları bulunur. Roma İmparatoru Marcus Aurelius döneminde inşa edilmiş tapınağın karşısında Roma dönemi tiyatro ile Bizans bazilikası ve hamam görülebilir. Olympos, aynı zamanda yıkıntıların ardında yükselen dağın adıdır (mitolojide olduğu gibi). Dağın tepe noktası (tırmanış bir saatten fazla sürer) Ateş Tanrısı **Hephaistos** kültüyle önem kazanmıştır. Günümüzde de bu bölge Çıralı, Yanartaş ya da Deliktaş olarak bilinir.

Bütün bu güzelliklerin yanı sıra Olympos'un el değmemiş çakıllı plajına hayran kalmaktan kendinizi alamayacaksınız. Olympos daha çok doğaseverlerin gözdesidir.

Phaselis

Olympos'un 25 km doğusunda yer alan Phaselis, zamanında, Roma ile Anadolu arasında Akdeniz üzerinden uzanan ticaret yolunun başlıca limanlarından biri olarak, stratejik öneme sahip bir Rodos kolonisiydi. Phaselis halkı Antik Çağda cimrilikleriyle (fakat onlara soracak olursanız gemi motifleriyle süslü sikkeleriyle) ün salmışlardır. Sonraki nesiller de, 100 sikke gibi ucuz bir fiyat karşılığında vatandaşlık satarak para kazanmışlardır.

Hamamlar, tiyatro ve su kemeriyle birlikte diğer yıkıntıları, kendilerini antik medeniyetlerin artık uyuyan kollarına bırakmış üç doğal limanı çevreleyen koruların arasında bulabilirsiniz.

Civarda birçok güzel kıyı köyü yer alır. Durgun bir körfezin eteklerindeki küçük ve sakin **Adrasan**, ırmağın kenarında –hatta içindeki– rustik masalarında alabalık servis eden sevimli restoranlarla doludur. Biraz bakımsız gibi görünen **Olympos** köyü, plajın arkasında yıkıntıların hemen dışında yer alır; burada ağaç evlerde konaklama sağlayan işletmeler gençler arasında ün salmıştır. Plajın biraz doğusunda kalan **Çıralı** köyünde ise temel ihtiyaçlarınızı giderebilirsiniz.

*Antik Çağın liman kenti Phaselis'in ana caddesini
dolduran günümüz gezginleri.*

Antalya

Phaselis'in 50 km doğusunda yer alan günümüzün kalabalık
Antalya'sı, bir zamanlar antik Pamphylia'nın en önemli
kentlerinden biri olmuştur. Efsaneye göre Troya'nın ele ge-
çirilmesinden sonra Akha komutanları bu yörede kentler
kurmuşlardır. Antalya ile Pamphylia kentleri Perge, Aspen-
dos ve Side, Yunanlılardan sonra Perslerin ve Büyük İsken-
der'in egemenlikleri altına girmiş, daha sonraları uzun dö-
nemler boyunca Roma İmparatorluğu'nun kendi halinde bir
kasabası olarak varlığını sürdürmüştür.

Antalya'ya geldiğiniz zaman, kentin antik geçmişi kadar
dikkatinizi çekecek bir başka özelliği de modern yüzü ola-
caktır. Ülkenin en hızlı büyüyen şehirleri arasında başı çe-
ken Antalya, Toros sıradağlarının eteklerinde uzanan plato-
da dur durak bilmeksizin gelişmeye devam etmektedir. An-

Bir tarih mozaiği: Atatürk heykeli ile arka planda görülen Yivli Minare

cak limanı çevreleyen tarihi **Kaleiçi**'ndeki daracık sokaklarda dolaşmak çok keyiflidir.

Antalya'nın en ünlü yapıları, limanın etrafında yükselen dağlarda toplanmıştır. Örneğin **Saat Kulesi**, aynı zamanda pazar yerine açılan ve halkın Kale Girişi dediği, Roma ve Osmanlı surlarının kalıntıları üzerine inşa edilmiştir. Saat kulesinin önünde bulunan 16. yüzyıl tarihli **Mehmet Paşa Cami**'nin hemen yakınlarında, Alaeddin Keykubad döneminde yapılmış olan **Yivli Minare** çok ünlüdür. Cami günümüzde belediyeye bağlı bir sanat galerisi olarak hizmet vermektedir. Bitişiğindeki medresenin avluları ise camlarla kapatılarak güzel bir alışveriş merkezine dönüştürülmüştür.

Atatürk Caddesi'nin güneyinde, imparator Hadrianus'un İS 130 yılında şehri ziyaret etmesinin onuruna yapılan, üç dev kemere sahip ihtişamlı **Hadrianus Kapısı** yer alır. Aynı döneme ait, taştan yapılmış eski bir fener kulesi olan **Hıdırlık Kulesi**'ni ise yer yer denizi gören bir bahçenin en ucunda bulabilirsiniz.

Taşla döşeli daracık sokaklar sizi, kayalığın tepelerinden limana getirecektir. 19. yüzyılda yapılmış ve yeni restore edilmiş olan Osmanlı evleri günümüzde dükkân, mağaza ve pansiyon olarak hizmet vermektedir. Başınızı kaldırınca göreceğiniz **Kesik Minare** Roma döneminde tapınak, Bizans döneminde kilise, Osmanlı döneminde ise cami olarak kullanılmıştır. Bulunduğunuz yolda aşağı doğru ilerlerseniz, Antalyalıların akşam yürüyüşlerini yaptıkları kordona inmiş olursunuz. Eğer Antalya'ya Eylül sonlarında geldiyseniz, 1967 yılından bu yana düzenlenen Altın Portakal Film Şenliği'ni sakın kaçırmayın.

Antalya Müzesi

Şehir merkezinin batı köşesinde yer alan Antalya Müzesi, Pamphylia, Pisidia ve Likya gibi Antik Çağın önemli ve zengin arkeolojik bulgularından oluşan son derece zengin bir koleksiyona ev sahipliği yapar. Tarihöncesi çağlardan başlayarak, Yunan, Roma, Bizans, Selçuklu ve Osmanlı dönemlerine ait yapıtlar kronolojik bir şekilde düzenlenmiştir.

Müzenin en ilgi çekici eserleri, Perge kazılarında bulunan İS 2 ve 3. yüzyıllara ait tanrı, tanrıça heykel ve büstleri ile mitolojik figürlerdir. Ayrıca üzerinde Herakles'in 12 görevinin betimlendiği Roma dönemi lahitleri ile Kumluca definesinden 6. yüzyıl tarihli buluntular görülmeye değer. Helenistik dönemden Os-

Görkemli Hadrianus Kapısı, üç dev kemerle süslenmiştir.

manlılara kadar uzanan geniş bir zaman diliminde altın, gümüş, tunç ve bakır sikkeler ile Türk-İslam dönemi salonunda sergilenen Selçuklu ve Osmanlı çini örnekleri, halı ve seccadeler, elyazmaları ve süs eşyaları da ilgi çekici eserler arasında sayılabilir.

Antalya Kıyıları

Antalya'yı kuşatan dağlarda ya da kıyıda izleyeceğiniz güzergâhlar sizi, dört antik kente götürecektir. Bunlardan kimi içinde bulunduğu ortamla, kimi yıkıntılarının heybetiyle, kimi de her ikisiyle öne çıkar.

Termessos

Antalya'nın 37 km kuzeybatısında, bir dağın tepesinde, günümüzde Güllük Dağı Milli Parkı olarak bilinen alanın tam ortasında yer alan Termessos, Ege ve Akdeniz kentleri arasında en güzel yere kurulmuş olanıdır. Termessos'un kayalık bir uçurumun tepesindeki zaptedilemez konumu İÖ 334'te tüm Pamphylia'yı ele geçiren Büyük İskender'i bile durdurmuştur. En parlak çağlarını İS 1 ve 2. yüzyıllarda yaşayan kentin 5. yüzyılda terk edildiği sanılmaktadır.

Parkın ziyaretçi merkezini geçtikten sonra İS 2. yüzyıl tarihli 10 kuleli bir duvar göreceksiniz. Daha yukarıda kent merkezine çıkmak için Kral Yolu'nun dayanak duvarlarını görebilirsiniz. Kentin asıl kapısından sonra gözetleme kulesi ve mezarların solunda bulunan *gymnasion*a ulaşılır. Termessos'un günümüze değin ulaşan **tiyatro**su 4200 oturma yerine sahiptir. Bir tarafı derin bir vadinin ucuna yaslanan, diğer tarafı uçuruma oyulmuş tiyatro, en az sahnesinde oynanan oyunlar kadar heyecan vericidir. Kentin en ilginç kalıntısı, altında birbiriyle bağlantılı beş sarnıç bulunan üstü kapalı agoradır. Tiyatro kadar iyi korunmuş bir yapı da agoranın yanındaki *odeion*dur. 600 oturma yeri olan *odeion*un

Antik Perge'ye ününü kazandıran anıtsal kalıntılarının yanı sıra gündelik hayatın izlerini de sakın gözden kaçırmayın.

iki katlı ve üstü kapalı olduğu düşünülmektedir. Kentin kuzeybatısındaki nekropolde ise taşlara oyulmuş mezarlar ve İS 1 ve 3. yüzyıllara tarihlenen lahit mezarlar bulunur.

Perge

Antalya Müzesi'nde detaylı bir şekilde ele alınan Perge, Antalya'nın 22 km doğusunda yer alır. Aziz Paulus ile Barnabas Hıristiyanlığı yaymak üzere Anadolu'daki ilk gezilerine başlarken Perge'den yola çıkmışlardır. Günümüzde görülen kalıntıların çoğu Roma dönemine aittir. Agoradaki dükkânların zeminlerini süsleyen mozaikler son derece ilgi çekicidir. Sokaklarda at arabalarının bıraktıkları tekerlek izleri de hâlâ durmaktadır. Gündelik hayatın ipuçları, bir zamanlar Pamphylia'nın en büyük kenti olan Perge'yi hayal etmenize yardımcı olabilir. Kentin önemli kalıntıları arasında bir tiyatro, bir *stadion,* iki bazilika ile agora da görülmeye değer.

Aspendos

Aspendos, Perge'nin 31 km doğusunda yer alır. Bu iki antik kentin arasında bir golf ve tatil beldesi olarak kurulan, çam ormanlarının beşiğindeki modern **Belek**, ornitologlar (kuş bilimcileri) için de önemli bir duraktır. Aspendos kazılarda ele geçen İÖ 5 ve 4. yüzyıl sikkelerinde Estvedia olarak geçer. Bulunan bir yazıtta, bu adın Hitit Asitavandas'tan geldiği anlaşılmıştır.

Aspendos Helenistik ve Roma dönemlerinde tuz, yağ ve yün ticaretiyle zenginleşmiş ve kültürel bir merkez olarak konumunu korumuştur. Aspendos Tiyatrosu benzerleri içinde eşsiz bir örnektir. İzleyici sıralarının yamaca oturtulmasıyla Yunan, *skene*si ile izleyici bölümünün bir bütün olarak

tasarlanmasıyla Roma özellikleri taşır. Selçukluların da onardığı yapı günümüze dek en iyi şekilde korunmuştur. Günümüzde her yıl düzenlenen Aspendos Opera ve Bale Festivali'ne ev sahipliği yapan tiyatronun kapısında, Roma imparatoru Marcus Aurelius (İS 161-180) döneminde, Theodorus'un oğlu mimar Zenon tarafından yapıldığı yazmaktadır. Kentin

Aspendos tiyatrosu, Antik Çağın en iyi korunmuş tiyatrolarından biridir.

*Side'nin göz alıcı plajında güneşin bütün renklerini
görebileceğiniz benzersiz bir gün batımı.*

su kemerinden gelen su, akropolis civarındaki su terazileriy
le basınçlı olarak kente dağıtılırdı. Aspendos'ta ayrıca *stadion*, agora, *stoa*, bazilika gibi yapılar da bulunmaktadır.

Side

Aspendos'un 22 km doğusunda yer alan Side antik kaynaklara göre Batı Anadolu kentlerinden Kyme'nin bir kolonisi olarak kurulmuştur. En eski buluntular İÖ 7. yüzyıla tarihlenmektedir. Bununla birlikte, Side sözcüğünün Yunancadan gelmeyip eski bir Anadolu adı olması ve Anadolu'da çok eskiden beri bereket sembolü olan "nar" anlamına gelmesi, kentin Yunanlı kolonicilerden de önce varolduğunu düşündürmektedir. İS 2 ve 3. yüzyıllarda deniz ticaretiyle zenginleşen kent, Bizans döneminde de metropol olmuştur.

Ne zaman terk edildiği kesin olarak bilinememekle birlikte kazılarda rastlanan kalın kül katı, kentin büyük bir yangın geçirdiğini kanıtlar.

Son yıllarda giderek gelişen ve antik kenti neredeyse örten yerleşim, hem kazı yapılmasını hem de kalıntıların korunmasını büyük ölçüde güçleştirmektedir. Antik kentten günümüze kalanlar arasında Side Müzesi olarak kullanılan hamam, İS 2. yüzyıl tarihli iyi korunmuş tiyatro ve tiyatronun yanındaki İÖ 1. yüzyıldan kalma Dionysos Tapınağı görülmeye değer yerler arasındadır.

Alanya

Antalya'nın 75 km doğusunda yer alan Alanya'nın Antik Çağdaki adı Korakesion'du. Erken Hıristiyan ve Bizans dönemlerinde adının Kalonoros olarak değiştirildiği bilinmektedir. 1221'de Selçuklu Sultanı I. Alaeddin Keykubad ise kente Alaiye adını vermiştir.

Kentteki tarihsel yapıların en önemlisi, 1225'te Alaeddin Keykubad tarafından yeniden yaptırılan kalesidir. Kalede ayrıca bir cami (Kale Camisi), bir bedesten, bir tekke ve türbe ile duvarlarında fresk izleri bulunan Aya Yorgi Kilisesi yer alır. Kalenin doğusunda Alanya Tersanesi ile tersaneyi savunmak için inşa edilen **Kızılkule** bulunur. 1225 tarihli kule 33 m yüksekliğinde ve sekiz köşelidir. Kentin görülmeye değer yerlerinden biri olan **Alanya Müzesi** bölge tarihine ışık tutar. Tarihöncesi, Frigya, Lidya, Yunan, Roma, Selçuk ve Osmanlı dönemlerine ait eserler ilginizi çekecektir. Günümüzde modern yüzüyle öne çıkan kent, yat limanındaki çılgın gece kulüpleri ve diskolarıyla eğlencenin hiç tükenmediği bir turizm cennetidir.

Alanya ilçe merkezinin 1 km batısında bulunan ilgi çekici sarkıt ve dikitlerle bezeli **Damlataş Mağarası** ise turistik öneminin yanında havasının astım ve benzeri rahatsızlıklara iyi geldiği inancıyla sağlık nedeniyle de ilgi görür. 45 m uzunluğundaki serin mağara yaklaşık 280-250 milyon yıl önce oluşmuştur.

KAPADOKYA VE KONYA

İlk bakışta, milyonlarca yıl içinde şekillenmiş bu ilginç bölge ile Konya arasında hiçbir ortak yön göze çarpmayabilir ama aslında her iki yerde de son derece güçlü ruhanî bir atmosfer hâkimdir. Biri mağara-kiliselere ev sahipliği yaparken diğeri semazenlerin mistik şehri olmuştur. Siz de bu bölgeyi ziyaret ettikten sonra kendinizi daha farklı hissedebilir, dünyaya başka bir gözle bakabilirsiniz.

Kapadokya

Dünyanın hiçbir yerinde eşi benzeri bulunmayan Kapadokya'da İÖ 2. binyılın başlarında Asurluların kurdukları bir ticaret kolonisi bulunuyordu. Daha sonra Hititler, Frigler ve Persler tarafından ele geçirilen bölge İS 17'de Roma İmparatoru Tiberius'un yönetimine girmiştir. Bölge Hıristiyanlık döneminde önemli merkezlerden biri olmuş ve 7. yüzyıldan başlayarak Arap saldırılarına karşı koymuştur. Hıristiyanlar da Araplardan saklanarak yaşamak için Göreme, Ihlara ve Zelve gibi yerlerdeki tüf kayalara kiliseler, şapeller ve yeraltı kentleri oymuşlardır.

Bölgede ayrıca, turistik önem taşıyan peribacaları ilgi çekici bir manzara yaratmıştır. Eski yanardağ etkinliklerinin çeşitli aşamalarında püskürtülmüş tüf ve lavların farklı katmanlar halinde bulunduğu yerlerde farklı dirençlere sahip kayaçların farklı aşınımı sonucunda yüksekliği 35 m'ye ulaşan peribacaları ortaya çıkmıştır.

Kapadokya'yı yürüyerek gezebilirsiniz. İlginç mağaraları ve jeolojik yapısının yanı sıra Kapadokya'nın tarlaları, bah-

çeleri ve nehrin ikiye ayırdığı yemyeşil vadileri de aynı derecede büyüleyicidir. Gezerken at sırtında giden ya da katırının çektiği sabanın peşisıra ilerleyen yerli halka rastlarsınız. Bu misafirperver insanların yaptığı yerel şaraplardan tadıp yöre hakkında başka kaynaklardan bulamayacağınız bilgiler edinebilirsiniz.

Ürgüp Civarı

Kapadokya'nın en büyük şehri Nevşehir olsa da 23 km doğuda bulunan Ürgüp, çok daha ilgi çekici ve daha iyi donanımlıdır. Mağara evlerle delik deşik olmuş yamacın altındaki kanyonda yer alan Ürgüp, Kapadokya hayatını tanımak için de ideal bir fırsat olabilir; köyün taşla döşeli sokakları, güzel evleri ve hareketli ticaret merkezi, en az mağara evler kadar görülmeye değer. Tarihsel yapılar bakımından zengin olan bölgede Hıristiyanlık döneminden günümüze ulaşan başlıca yapılar **Ortahisar**'daki dörtlü kilise grubuyla Tavşanlı, St. Basil, Yukarı Mahalle, Karaçalı Kiliseleri ve Başmelek Manastırı'dır. Bir zamanlar tek başına bir köyü içine alan mağaralarla dolu bu kayanın evleri ve gözetleme oluklarını gezebilirsiniz (giriş ücretlidir). Bölge sakinleri güvenlik nedeniyle daha aşağıda yer alan alışık olduğumuz binalara taşınmışlardır.

Üçhisar ise, bir zamanlar içine sığdığı mağaralı kayanın sınırlarını aşmıştır. Tepesinde bir kale bulunan bu kaya günümüz köyünün tam merkezinden yükselir. Kalenin bulunduğu noktaya çıkmayı göze alırsanız, Kapadokya'nın neredeyse tamamını gören enfes manzarası yorgunluğunuzu kesinlikle unutturacaktır.

Kapadokya'nın Üçhisar gibi kayalıklara kurulmuş olan köyleri sizi alışık olmadığınız bir dünyaya götürecektir.

Erken dönem Hıristiyanlar Göreme'nin kayalıklarını manastır hayatına uyarlamışlardır.

Göreme

Ürgüp'ün 7 km kuzeybatısında yer alan Göreme Tarihi Milli Parkı tarihsel, arkeolojik ve doğal değerlerin korunması amacıyla kurulmuştur. Göreme köyünün doğusunda 1960'ta kurulan **Göreme Açık Hava Müzesi** yeşillik bir vadiye bakan kayalığın içine oyulmuş bir zamanların manastırlar topluluğu, 9 ve 12. yüzyıllar arasında yapılmış olan 30'u aşkın kiliseyle doludur. Kiliselerin içinde, etkileyiciliğini hâlâ yitirmemiş primitif freskleri görebilirsiniz.

Kapadokya'nın en iyi korunmuş kilisesi olan **Karanlık Kilise** sadece küçük bir pencereden ışık alır; freskleri büyük özen ve ustalıkla restore edilmiştir. Açık hava müzesinin sadelikleriyle dikkat çeken kiliselerinden birçoğu adını iç mekânlarının bir objesinden ya da görsel özelliğinden alır. Örneğin Çarıklı Kilise'nin zemininde, İsa'ya ait olduğu iddia edilen ayak izleri vardır; Yılanlı Kilise'nin fresklerinden birinde ise Aziz Georgios ve Aziz Theodoros bir yılanı öldürürken betimlenmiştir. (Aynı kilisedeki bir başka freskte, Azize Onophorios, çıplak memeleriyle ama sakallı bir şekilde betimlenmiştir. Efsaneye göre çok güzel olduğu için erkeklerin bir türlü rahat vermediği azize bu ilgiden kurtulmak için tanrıya yakarmış; tanrı da ona sakal ve bıyık vermiştir.) 6 km kuzeydoğuda bulunan Zelve, Göreme'den çok daha sakindir. Yamaçlarındaki kiliseleri ve evleri keşfederken maceracı ruhunuzu asla kaybetmeyin çünkü tırmanmak ve dar tünellerden geçmek zorunda kalacaksınız; yanınıza bir fener almayı ihmal etmeyin.

Yeraltı Şehirleri

Ürgüp'ten sırasıyla 71 ve 80 km uzaklıkta olan **Kaymaklı** ile **Derinkuyu**, Kapadokya'nın en tuhaf yerleşimleridir. Toprağın yüzlerce metre altına inen bu karmaşık yeraltı komplekslerinde yatakhaneler, sağlık birimleri, mutfaklar, şarap kazanları, mezarlıklar gibi her türlü ihtiyaca yönelik tesis ve olanak düşünülmüştür. Bu yüzden de yeraltı şehirleri binlerce mülteciyi en azından on yıl boyunca barındırabilmiştir. Yeraltı şehirleri, canını kurtarmak için güvenli bir sığınak arayanların hayal edebileceklerinden çok daha fazlasını sunabilir ama öte yandan, kapalı alan korkusuna da yol açabilir. Bir başka yeraltı şehri olan Özkonak, Avanos ya kınlarında henüz keşfedilmiştir. Kazılar halen devam ettiği için ancak birkaç geçit ziyarete açıktır. Şarap rengindeki Kızılırmak Nehri boylarında yer alan Avanos kasabası oniks işlemeciliğinin güzel ürünleri, şarapları, çanak-çömlekleri ve takılarıyla ünlüdür.

Ihlara Vadisi

Ürgüp'ün yaklaşık 100 km güneybatısında bulunan bu vadi, neredeyse yüzyıllar boyunca keşfedilmeyi beklemiştir. 100 m'yi aşkın derinliği ve belli başlı yollardan uzak olması nedeniyle Bizans döneminde bu yörede yaşayanlar vadinin dik yamaçlarındaki tüfleri oyarak pek çok manastır, kilise ve mağara-ev yapmışlardır.

Doğanın şaşırtıcı bir şekilde gizlediği Ihlara Vadisine, aynı adı taşıyan köyün dik ve ahşap merdivenlerinden ulaşabilirsiniz. Ulaştıktan sonra da 14 km uzunluğundaki vadide yürüyüş yapabilir ya da Hz. İsa'nın yaşamından sahnelerin betimlendiği ilgi çekici fresklerle süslü kiliseleri gezebilirsiniz. Bunların yanı sıra madensuyu kaynakları bakımından da zengin olan vadide ve civarında sıcak su kaynakları ve kaplıcalar da bulunur.

Konya

Ihlara'nın 142 km kuzeyinde, geniş Anadolu düzlüklerine kurulmuş olan Konya, sırasıyla bir Hitit yerleşimi, Roma İmparatorluğu'nun önemli ileri karakollarından biri, erken dönem Hıristiyan kilisesinin bulunduğu bir merkez ve bir

Selçuklu başkenti olmuştur. Böylesi zengin tarihine rağmen Konya, uzun bir zamandan beri arka planda kalmayı yeğlemektedir. Şehrin bu sessizliğiyle bağdaşmayan tek yönü, daha sonra Mevlânâ adıyla anılan Celâleddin Rumi'nin kurduğu Mevlevi tarikatı ve bu tarikatın yetiştirdiği Semazenlerdir.

Mevlânâ'nın türbesi ile hemen bitişiğinde yer alan

Yemyeşil Ihlara Vadisini ikiye bölen çayın üzerinde ahşap köprü ve vadinin duvarları.

Orta Anadolu'nun verimli topraklarında yetişen ağaçlar İstanbul'dakilerden çok farklı öyküler anlatır.

Mevlânâ Müzesi, hem Türkiye'nin hem de İslam dünyasının en önemli hac merkezlerinden biridir. Dergâhın dışı yeşil renkli çinilerle kaplı ünlü türbesi 1274'te Anadolu Selçukluları döneminde yapılmıştır. Mevlânâ ile oğlu Sultan Veled'in gök mermerden sandukalarının bulunduğu türbede Horasan erenleri olarak anılan, Mevlânâ ile birlikte Konya'ya gelen dervişlerin de yattığına inanılmaktadır. Türbenin kuzeyinde yer alan **Semahane** ise I. Süleyman döneminde yaptırılmıştır. Burada na't kürsüsü, mutrib hücresi, kadın ve erkek ziyaretçiler için ayrı ayrı mahfiller bulunur. Çeşitli halılar, metal ve ağaç ürünler, mevlevi çalgıları bu bölümde görülebilir.

Dergâhın batısında bulunan derviş hücreleri ve mutfak, külliyeye III. Murad döneminde eklenmiştir. Bu bölüm günümüzde müzenin Osmanlı yazıtları, halı, kumaş ve Mevle-

Sema ayinlerini Konya'nın Mevlânâ Camisi'nde seyredebilirsiniz.

vi mutfağı pavyonları olarak kullanır.

Avluda Yeşil Kubbe'nin yanında Çelebi Dairesi, dergâh şeyhlerinin konuklarına ayrılmıştır. Günümüzde ise Müze İhtisas Kitaplığı olarak hizmet vermektedir. Mevlânâ ve Mevlevilik konularında 1500'ü elyazması, toplam 5500 kitaba sahiptir. Dergâhın avlusunda gök mermerden bir şadırvan ve türbeler yer alır.

Sema Ayini

Mevlânâ döneminde, sema için yer ve zaman aranmaz, vecd ve heyecan nerede ve ne zaman doğduysa, orada ve o zaman sema yapılırdı.

Semazenler yakasız üstü gövdeyi sıkıca saran, belden aşağısı uzun ve geniş bir giysi olan tennure giyerler. Semada temel hareket çark atma denilen dönüştür. Direk denilen sol ayak sabit kalır, çark denilen sağ ayak dönüş için gereken hızı verir. Semazenler selamlaştıktan sonra göğüslerinin üzerine çaprazladıkları kollarını yavaş yavaş açar, sağ ellerinin avuç içini yukarıya (Tanrıya) sol ellerinin avuç içini aşağıya bakacak şekilde tutarlar. Yüzlerini sol kollarına çevirirler. "Al" diye başladıkları her çarkı "lah" diyerek bitirirler. Böylece sema boyunca Allah'ı zikretmiş olurlar.

Mevlevi sema adabını bugün bilinen biçimiyle Sultan Veled'in torununun oğlu Pir Abdil Çelebi'nin kurallaştırdığı sanılmaktadır. Mevlânâ Celaleddin Rumi'nin, özellikle Şems ile tanıştıktan sonra, tef, ney, rebab, zurna, nakkare ve beşaret gibi çalgılar çalan erkek müzikçilerin eşliğinde sema ettiği bilinmektedir. Mevlânâ'nın, hepsi kadın olan müzikçiler önünde de semaya kalktığı söylenir. Konya'da her yıl Aralık ayında düzenlenen Mevlânâ'yı anma şenlikleri toplantı ve gösterilerle kutlanır.

Konya'nın Diğer İlginç Yerleri

Günümüzde Seramik Müzesi'ne ev sahipliği yapan **Karatay Medresesi**, Anadolu Selçuklularından kalma muhteşem çinileriyle dikkat çekicidir. Kubbe, semanın yani gök kubbenin son derece etkileyici bir betimlemesiyle süslenmiş, hatta bir dönemde asronomi araştırmaları için kullanılmıştır. Çeşmeli bir avlunun çevresinde toplanmış diğer galerilerde ise, az rastlanan çinilerle değerli seramik işlerini görebilirsiniz.

Büyük Karatay ile hemen yakınındaki **İnce Minareli Medrese** ve medrese ile aynı adı taşıyan İnce Minare de değerli çinilerle kaplıdır ancak ne yazık ki zaman içinde çok harap olmuştur. Medreseden günümüze kalan bölümler Taş ve Ahşap Eserler Müzesi olarak kullanılmaktadır.

Konya'nın ikinci büyük yapısı, 13. yüzyıl ortalarına tarihlenen erken dönem Selçuklu mimarisinin güzel bir örneği olan **Alaeddin Camisi**, Mevlânâ Müzesi'nin kuzeyindeki bir tepenin üstünde yer alır. Yapı zaman içinde çeşitli eklemelerle değişikliğe uğramıştır. Caminin kuzeyinde bulunan avlu bütün yapıyı sarar; üzerinde yazıtlar bulunan cephesi iki renkli mermerdendir.

Bunların dışında büyük parktan, hemen karşısında göreceğiniz Mevlânâ kompleksine dek uzanan manzara da görülmeye değer.

NELER YAPILIR?

Antik Çağın görkemli uygarlıklarını yeniden keşfederken, Osmanlı İmparatorluğu'nun ihtişamlı parıltısını yeniden yaşarken, arada bir de güzelim plajlarda yorgunluğunuzu atarsanız, zaten zamanınızın büyük bir kısmını harcamış olursunuz. Ancak yine de, er ya da geç, örneğin alışveriş yapmak gibi diğer etkinlikler de aklınızı çelecektir.

ALIŞVERİŞ

Türkiye'nin büyüklü küçüklü kentlerinde mutlaka bir bedesten, yani pazar ya da kapalıçarşı bulunur. Tezgâhların doldurduğu bu sokaklar ağı genellikle, yerli halkın da alışveriş yaptığı yerlerdir. Pazar yerinin çevresinde göze batmayan,

küçük dükkânlar bulabilirsiniz. Sokak pazarları çoğunlukla kasabanın merkezine yakın bir yerlerde haftada bir ya da iki kez kurulur ve pazar esnafı burada taze sebze ve meyvelerin yanı sıra pratik ihtiyaçlara yönelik ev eşyaları da satar.

Pazardan bir şeyler satın almak isteyen bir ziyaretçi, mutlaka pazarlık sanatı denilen yetenekten payına dü-

Otantik hediyelik eşyalardan hoşlananlar için, pirinç ve bakır ürünler yerinde bir seçim olabilir.

şeni almış olmalıdır. İnsanlık kadar eski olan pazarlık sanatı alışverişin değişmez bir parçası ve sosyal bir gelenektir. Satıcının verdiği fiyata itiraz ederek biraz indirim yapmasını isteyebilirsiniz, ancak pazarlığı çok zorlamak da iyi değildir. En iyisi aşağıdaki kutucuktan biraz yardım alın.

Pazarlar ve çarşılar

İç pazardaki sermaye akışının önemli bir bölümünü oluşturan, el dokumalarından, giysilere, yiyecek-içecekten baharatlara kadar her türlü malın satıldığı, tezgâhlarla dolu kalabalık sokaklarda şöyle bir dolaşmak bile başlı başına bir deneyim sayılır.

Pazarlık Sanatı

İşini bilen bir esnaftan bir malı kelepire satın alabilmek öyle katı ilkelere bağlı olmasa da şu iki kuralı aklınızdan çıkarmayın: Ne kadar akıllı olduğunuzu düşünürseniz düşünün, satıcının onyıllarca deneyimi size baskın çıkacaktır (bir başka deyişle, pazarlığınız ne kadar sıkı olursa olsun esnaf her zaman kârlıdır). İkinci kural ise esnafın sinirlerini germenin en iyi yolu, iyi bir pazarlığa girişip sonra da malı almıyormuş gibi görünmektir – ama bu taktiğe ancak o malı gerçekten almaya niyetliyseniz başvurun.

Öncelikle satıcıya malın fiyatını sorarak başlayabilirsiniz. Cevabı ne olursa olsun, yüzünüzde umutsuz bir ifadeyle, "çok pahalı" cinsinden yorumlar yapın. Bunun üzerine satıcı büyük bir ihtimalle daha düşük bir fiyat sunacak ve bu iyiliği bunun günün ilk ya da son satışı olduğu için veya malı gerçekten almak istediğinizi gördüğü için yaptığını söyleyecektir. Ama hemen kabul etmeyin ve fiyatın gene de yüksek olduğunu söyleyin. Satıcı biraz daha indirim yapabilir. İşte bu noktada aklınızdaki son fiyatı siz önerin, ancak karşı tarafın biraz ekleme yapması kaçınılmazdır. Eğer kararlaştırdığınız fiyat, satıcının ilk başta söylediğinin yarısı ya da % 60'ı kadarsa, pazarlıktan anlıyorsunuz demektir. Artık sıra pazarlığı bir bardak çayla kutlamaya gelmiş demektir.

119

Fazla turistik olmayan yerlerde kurulan pazarlarda, taze sebze meyve ve mutfak gereçleri gibi günlük kullanıma yönelik mallar satılırken turistlerin akınına uğrayan kasaba ve şehirlerin pazarlarında ilgi çekici, yöreye özgü hediyelik eşyalar bulabilirsiniz. Aşağıda kısaca değinilen çarşı ve pazarlara giderseniz ya dolaşıp halkı tanımış olmanın verdiği deneyimle ya da elinizde paketlerle, hatta genellikle her ikisiyle birden evinize dönersiniz.

İstanbul'da Çarşı ve Pazarlar

Baharat Çarşısı olarak da bilinen **Mısır Çarşısı**'nın (s. 35) 17. yüzyıl tarihli tonozlarının altında kurulan tezgâhlarda kuruyemişler, tohumlar, ilgi çekici baharatlar, kurutulmuş meyveler ve yerli yabancı herkesin bayıldığı çeşit çeşit lokumlar satılır.

Kapalıçarşı ise bir pazarlık cenneti olmasının yanı sıra çok hareketli, rengârenk atmosferi için bile ziyaret edilebilir. Yabancı turistlere yönelik hediyelik eşyalar arasında cam ürünler, pirinç ve bakır eşyalar, gümüş takılar daha otantik izler taşır; ancak bunların yanı sıra gündelik kullanıma uygun, güzel seçenekler de boldur. Ama eskiden beri daha kaliteli ve pahalı dükkânların bulunduğu çarşı merkezinin civarında yer alan kuyumcular ve antikacılar bir şey satın almaya niyetli olmasanız bile benzersiz tasarımları bakımından görülmeye değer. Kapalıçarşının kuzeydoğu köşesindeki Halıcılar Hanı'nda yapılıp satılan gümüş işleri ile batı kapısının hemen ilerisinde yer alan Sahaflar Çarşısı'nın (s. 37) eski kitap ve baskılarına da bir göz atabilirsiniz.

Pera'da Galatasaray Meydanı'nın yakınlarında bulunan **Çiçek Pasajı** ile **Balık Pazarı** da mutlaka görülmesi gereken diğer eğlenceli yerler arasında sayılabilir. Balık Pazarı'nda balıkların yanı sıra hamur işleri ile fast-food tezgâhları da bulabilirsiniz (s. 43).

Alışveriş meraklıları İstanbul'da, Kapalıçarşı'nın labirent gibi sokaklarında, göz alıcı sürprizlerle karşılaşabilirler.

Diğer yerlerde

Bursa'nın geçmişi 13. yüzyıl gibi uzak bir tarihe uzanan bedesteni, Türkiye'nin en otantik pazarlarından biridir. Bedesten restore edilmiş, 19. yüzyıl yapısında kurulmaktadır. Kalın keten kumaşlar, el dokumaları ve ipekliler yörenin en özgün, mutlaka almanız gereken ürünleridir (s. 124). **Edirne**'deki bedesten ile hemen bitişiğinde bulunan Ali Paşa Çarşısı'na, özellikle Cumartesileri gidecek olursanız şehir nüfusunu neredeyse tamamının alışverişe çıktığını göreceksiniz. Kıyı güzergâhınız üzerinde bulunan **Marmaris**'in pazarı da hayli büyük ve zengindir; hatta Rodos'tan günübirlik gelen müdavimleri bile vardır.

Neler Alınır?

Baharatlar. Her pazarın en çok ilgi gören mallarından biri olan baharatlar küçük poşetlerde satılır. Çiğdem'e benzer bir

Göz alıcı desenlere ve renklere sahip halı ve kilimler baştan çıkarıcıdır.

bitkinin tepeciklerinin tek tek elle toplanıp kurutulma-sıyla elde edilen safran bilindiği gibi çok pahalıdır. Keskin ve acımsı bir tadı olan safran, bir zamanlar Safranbolu'da büyük miktarlarda üretilirdi.

Bakır işler. Bakır şamdanlar, çaydanlıklar, tepsiler ve semaverler bir zamanlar bir genç kızın çeyizinin değişmez parçalarıyken günümüzde antika dükkânlarında yerli ve yabancı turistlerin beğenisine sunulmaktadır (Akdeniz beldeleri Kaş ve Kalkan'da otantik bakır işleri bulabilirsiniz, s. 96 ve 97). Yeni üretilmiş bakır eşyalar da, zengin çeşitleriyle çarşı ve pazarlarda alıcısını bulur. Ama bu yeni üretimlerin daha ucuz bir alaşımın üzerine ince bir bakır tabakası eklenerek yapıldığını belirtelim. Son olarak bakır alırken size yardımcı olacak bazı ipuçları: Eğer antikaysa çok pahalıdır; değilse şaşırtıcı derecede ucuzdur ama gene de görünümü güzeldir. Eski ya da yeni, içinde yemek pişirilecek bakır kap kacaklar mutlaka kalaylanmış olmalıdır (iyi niyetli bir esnaf bu işi yapacak bir kalaycı önerebilir).

Çini ve seramik işleri. İznik fabrikaları, kasabaya ününü kazandıran çinilerin üretimini durdurmuştur ama birkaç zanaatkâr hâlâ bu işle uğraşmaktadır. Turizm danışma bürolarından (s. 167), sınırlı sayıda üretilen bu çinileri bulabileceğiniz dükkânlar hakkında bilgi edinebilir, hangi atölyelerin ziyaretçi kabul ettiğini öğrenebilirsiniz. İznik'in güneydoğusunda bulunan Kütahya şu anda ülkenin başta gelen seramik üreticisidir. Güzel desenli ve kaliteli Kütahya seramiklerini ise ülkenin dört bir yanında bulmak mümkündür.

Kapadokya'nın fantastik yapısını oluşturan toprak aynı zamanda oniksi (damarlı akik taşı) meydana getirir; bunlar da rengârenk kaseler, kutular ve aklınıza gelebilecek her türlü biçimde karşınıza çıkar. Avanos'un (s. 113) ortasından geçen Kızılırmak'ın kırmızımsı kilinden yapılmış çanak-çömlekleri ile oniksten yapılma ürünlerini kasabadaki bütün dükkânlarda bulabilirsiniz.

Deri ürünler. Türkiye'nin dünya pazarına yüksek kalitede deri sağlaması çarşı ve pazarlarda satılan ürünlerde de kendini gösterir: Cüzdanlar, çantalar, anahtarlıklar, ufak mahfazalar gibi hediyelik eşyaların yanı sıra mont, kaban, pantolon gibi kaliteli ve güzel giysiler de bulabilirsiniz. Bunların dışında pek çok beldede ısmarlama deri diken terzilere rastlayabilirsiniz. Örneğin Side (s. 107), ruhunu deri ticaretine satmış gibidir; bir zamanların kendi halindeki kasabasını dolduran her dükkânın satıcısı, seçtiğiniz deriden istediğiniz giysiyi birkaç gün içinde dikip teslim edebilir. Kaliteli deri ürünlerini birbirinden güzel tasarımlarda bulabilirsiniz.

Giyim. Ülkenin her yerinde bütün dünyayı saran batı modasına uygun kıyafetleri ve özgün tasarımları bulabilirsiniz. Gençlerin modasını yakalamak için İstanbul'da İstiklâl Caddesi'nin mağazalarında dolaşın (Rumeli ile Halâskârgazi caddelerinin civarındaki sokaklar İstanbul'da alışverişin kalbi sayılır).

Anadolu yakasında bulunan Ataköy'deki Galleria da zengin şehirlilerin beğenisine seslenen büyük alışveriş komplekslerinden biridir.

Bursa, ipek ve keten kumaş ve dokumalarıyla ünlüdür; bu tip kumaşlardan yapılmış eşarplar, atkılar, tiril tiril elbise ve pantolonlar gibi çeşitli seçeneklerin peşindeyseniz şehrin otantik pazarının çevresinde bulunan ilgi çekici dükkân ve mağazalara gidebilirsiniz.

Halı ve Kilimler. Yabancı turistlerin bir tane bile almadan ülkelerine dönmedikleri, yerli turistlerin de evlerini donatmaktan çok hoşlandıkları halı ve kilimlerden alacaksanız, bunu eğlenceli bir deneyim olarak da düşünebilirsiniz. Bir halıcıya girin ve satıcının sizi yönlendirmesine izin verin. Si-

---

Kilim ve Halı Alıcılarının Dikkatine!

Bir halı dükkânına girin, hiçbir şey almasanız bile dükkândan örme ve düğümleme teknikleri, boyalar ve desenler gibi pek çok ayrıntıyı bilen biri olarak çıkarsınız. Halı ya da kilim almadan önce bilmeniz gerekenler kısaca şunlardır:

Kilimleri tüysüz ve düz örülmüş olmalarından tanıyabilirsiniz. Desenler, arka taraflarında da bellidir. Eski bohçaların ya da eski kilimlerin parçalarından yapılan kilimler ve yastıklar güzel bir seçenektir.

Boyanın doğal olduğu iddiaları her zaman doğru olmayabilir, bir yüzyılı aşkın bir süredir sentetik boya kullanılmaktadır. Doğal boyalı (yani kök boyasıyla renklendirilmiş) kilimlere çok nadir rastlanır, zaten onlar da çok pahalıdır. Satıcı bir kilimin antika olduğunda ısrarlıysa kanıtlamasını isteyebilirsiniz. Renklerin solup solmayacağını anlamak için üzerine ıslak, beyaz bir kumaş sürebilirsiniz. Eğer sürttüğünüz kumaş renkleri çektiyse, dayanıksız boya kullanılmış demektir. Saf yün ışığa tutulduğunda her ipin aralığı belirginleşir, saf ipek ise kül rengine döner. Alacağınız kilimi koklayabilirsiniz de, eğer burnunuza sirkeye benzer bir koku gelirse renkleri sirkeyle ağartılmış olabilir.

Bir halı el yapımıysa, arka tarafındaki düğümler ve desen çok düzgün olmaz; hatta kenarlar bile fabrika üretimi ürünlerde olduğu gibi muntazam değildir. Kullanılan renklerin ve desenlerin de özel anlamları vardır, satıcıdan bunları açıklamasını isteyebilirsiniz.

ze hemen oturacak bir yer gösterip, bir bardak çay ikram ederler ve gösteri başlar.

Önünüze birbiri ardına güzel halı ve kilimler serilir. Hangi büyüklük, malzeme ve desenlerden hoşlandığınızı belirtirseniz ona uygun seçenekler sunulur; böylece bütçenize ve beğeninize göre bir seçim yapabilirsiniz. Kimi en güzel kilim ve halıların hep İstanbul'a götürüldüğünü savunurken (açıkçası, bazılarının fiyatı bunu doğrular); kimi de küçük kasaba

> **El İşleri ve dokumacılıkta zengin bir geçmişe sahip olan Türkler bu kültüre bugün de sahip çıkmaktadır.**

ve köylerde de şansınızın olduğu kanısındadır. Halı ve kilimler çoğunlukla Orta Anadolu'da yapıldığından Kapadokya'daki halı mağazalarında zengin çeşitler bulabilirsiniz; bunlar genellikle genç kızların dokuduğu halılardır. İstanbul'da ise alışverişinize Sultanahmet'teki mağazalardan başlayın. Yeşil Ev Hotel'in bitişiğindeki El Sanatları Merkezi'nde de kaliteli halı ve kilimler bulabilirsiniz.

Ayrıca gözünüzü dört açın: Nazar boncukları, çarıklar, fesler, nargileler (en iyilerinin su keseleri camdan, diğer kısımları da ahşap ya da pirinçten yapılmıştır); gözenekli taştan oyulmuş lületaşı pipolar, eski kilimlerden yapılmış yelek ve çarıklar; Bursa'nın ünlü pamuklarından yapılmış yumuşacık, kalın havlular. Bütün bunlar kolay taşınabilir, aldığınız yerin anısını yaşatan otantik eşyalardır; gezeceğiniz her yerde bunları satan dükkânları kolaylıkla bulabilirsiniz (örneğin İstanbul'da Sultanahmet Meydanı'nın çevresindeki sokaklarda bu ürünlerin kaliteli örneklerini bulabilirsiniz).

SPORTİF ETKİNLİKLER

Nisan sonundan neredeyse Kasım ayına kadar uzanan Akdeniz yazları ile Türkiye, açık hava etkinlikleri için son derece elverişli bir coğrafyadadır.

Nehir ve göllerde gezi teknelerine binmek, hem çevreyi görmenin hem de güneşlenmenin güzel bir yoludur.

Balon Yolculuğu

Kapadokya'nın nefes kesen manzarasını yukarıdan görebilmenin en iyi yolu balona binmektir. Hayatınız boyunca unutamayacağınız ama biraz pahalı olan bu uçuş için Göreme'deki Kapadokya Baloons'dan bilgi alabilirsiniz. Tel. (384) 271 24 42.

Kuş Gözlemciliği

Avrupa, Asya ve Afrika arasındaki göç yollarının önemli bir durağında bulunan Türkiye, kuşlar ve kuşseverler için tam bir cennettir. Bu zarif yaratıkları izleyebileceğiniz yerlerin başında Bursa yakınlarındaki Kuş Cenneti Milli Parkı; Akdeniz'in güzel beldelerinden Belek'in (s. 106) arkasında yükselen ormanlık alan ile Dalyan civarında bulunan Köyceğiz Gölünün kıyıları gelir. Kuş gözlemciliği ile ilgili daha detaylı bilgi için Doğal Hayatı Koruma Derneği'ne danışabilirsiniz. PK 18 Bebek, İstanbul; Tel. (212) 279 01 39; Faks (212) 279 55 44.

Golf

Türkiye'de golf, çok yerleşmiş bir spor dalı olmasa da geliş miş tatil beldelerinin ya da şehirlerin yakınlarında birkaç sa-

---

Hamam Keyfi

Şehre giderek uyum sağlayan yeni nesillerin banyolarının aksine, eski nesiller yüzlerce yıl boyunca hamamlarda yıkanmış ve bunu bir zevk haline getirmişlerdir. Hamamlar, kültürün bir parçası olduğundan nereye giderseniz gidin, büyüklü küçüklü her yerleşimin en azından bir hamamı mutlaka vardır. Hamamlarda kadınlar bölümü ayrıdır. Ücretler ise resepsiyon masasında belirtilmiştir, aksi durumda yetkili kişiden öğrenebilirsiniz.

Türk hamamlarında, camekân da denilen yerde giysilerinizi çıkarıp peştemala sarınırsınız. Çevreden tepki çekmemek için mahrem yerlerinizi örtecek şekilde sarındığınız peştemalı, hamam ritüelinin sonuna kadar üstünüzden çıkarmayın; banyonun sonunda size kuru bir havlu verilir. Öncelikle cildin gözeneklerini terleyerek açmak için halvete girersiniz. Ardından genellikle çinilerle kaplı ve kubbeli ana salona geçersiniz. Salonun duvarlarındaki küçük taş kurnaların başında su döküldükten sonra göbektaşına uzanırsınız. Burada sabunlanırsınız ve hem masaj yerine geçen hem de ölü deriyi temizleyen kese işlemi uygulanır. Tellak ustalığının son gösterisini sabunlu kumaşı köpüklerle balon gibi doldurup köpükleri üzerinize yayarak kanıtlar, bundan sonra durulanır ve dinlenirsiniz. Küçük odanıza döndüğünüzde çay ya da soğuk bir içecek ikram edilir; hatta bazı hamamlarda, ek ücret karşılığında, yağlı masaj da yaptırabilirsiniz.

İstanbul'da bu geleneğin en keyfli deneyimlerinden birini Gazi Gürkan Caddesi No. 34'te bulunan Cağaloğlu Hamamı'nda yaşayabilirsiniz. Sultanahmet'in turistik yerlerine ve otellerine yakın olan hamam saat 08.00-22.00 arası açıktır.

---

ha bulmak mümkündür. Aslında çok yakın bir tarihte bir golf beldesi olarak yapılandırılan Antalya'nın biraz doğusundaki Belek'te (s. 106) dört tane 18 delikli saha bulunur. Tabii bunlar lüks otel komplekslerine aittir.

İstanbul civarındaki iki saha şunlardır: Classis Country and Golf Club (Tel. (212) 748 46 00) ile Kemer Country and Golf Club (Tel. (212) 239 79 13).

Doğa Yürüyüşleri

Türkiye'nin en keyifli güzergâhı, Ölüdeniz'den Antalya'ya Akdeniz kıyısı boyunca uzanan dağlardan dolanan Likya Yoludur. Bu yolda karşınıza muhteşem manzaralar, keşfedilmemiş plajlar, gür çam ormanları ve antik kalıntılar çıkar. Likya Yolu hakkında daha detaylı bilgiyi Akdeniz şehirlerinin pek çoğunda bulabileceğiniz gezi kitaplarından edinebilirsiniz. Akdeniz bölgesinin diğer güzergâhları ise antik Tlos kentinin (s. 91) yakınındaki muhteşem Saklıkent Vadisi'ni dikine kesen, Olympos Dağı'na tırmanan ya da Termessos Milli Parkı'nı (yani aynı adı taşıyan antik kentin yıkıntılarını, s. 104) kat edenlerdir.

Bursa yakınlarındaki Uludağ'da çeşitli yürüyüş güzergâhları bulunur. Doğa yürüyüşleri muhteşem Kapadokya manzarasını seyretmenin de en iyi yoludur. Güzergâhlar sizi, yüzlerce yıllık kiliselerin ve manastır komplekslerinin gizlendiği ilginç kaya oluşumlarının ve yamaçların arasındaki vadilerin içinden geçirecektir.

Binicilik

Kapadokya ata binmek için son derece güzel bir coğrafyaya sahiptir; burada at kiralayan ya da atlı geziler düzenleyen yerel şirketler bulabilirsiniz. Daha ayrıntılı bilgi için Ürgüp ve Göreme'de bulunan turizm danışma bürolarına başvurabilirsiniz (s. 167).

Yelken ve Yatçılık

Ege ile Akdeniz'in enfes koylarını ve el değmemiş körfezlerini keşfetmenin en iyi yollarından biri denizyolunu kullanmaktır.

En önemli marinalar İzmir, Çeşme, Kuşadası, Bodrum, Marmaris, Fethiye ile Antalya'da bulunur; ayrıca bu merkezlerdeki turizm danışma bürolarından (s. 167) marinaların olanakları ve ücretleri hakkında bilgi edinebilirsiniz. Kıyılardaki rüzgârlar ve akıntılar zaman zaman fazlasıyla güçlü olabilir bu yüzden yola çıkmadan önce VHF 16 ile 67 dalgalarından hava durumunu öğrenmeyi ihmal etmeyin.

Bir tekneniz olmasa da guletlerle kıyı boyunca yapılan gezilere katılabilirsiniz. Başta Bodrum ve Marmaris olmak üzere tatil beldelerinin pek çoğunda yerel operatörlerin düzenlediği gezilere katılabilir, hatta kendinize göre bir rota belirleyebilirsiniz.

Uç, uç, daha yukarı uç! Yamaç paraşütleriyle ya da balonla bulutların arasına yükselmek hem yerli hem de yabancı turistlerin büyük ilgisini çekmektedir.

Tüplü Dalış

Muhteşem güzellikleriyle sualtında uyuyan antik yıkıntıların çok olması, Akdeniz ve Ege sularında dalışa ciddi kısıtlamalar getirmiştir. Ancak Bodrum açıklarında ve Akdeniz belde-si Kaş gibi bazı yerlerde sualtındaki güzelliklerin keyfini çı-karabilirsiniz.

Bodrum ve civarındaki dalış okullarının yanı sıra bu iki merkezde dalış malzemeleri bulabileceğiniz birçok mağaza vardır. Detaylı bilgi için Türk Dalış Federasyonu'na başvu-rabilirsiniz. Ulus İşhanı A Blok, No. 303-304, Ulus, Ankara; Tel. (312) 310 41 36; Faks (312) 310 82 88.

Yüzme

Yüzmek için en iyi plajlar Akdeniz kıyısında yer alır; bunla-rın başında da İstuzu, Patara ve Ölüdeniz gelir. Bu üç plaj-dan da sadece Ölüdeniz çok kalabalık olur; diğerlerinde an-tik yıkıntıların arasından denize girme keyfini doyasıya ya-şayabilirsiniz. Ege kıyısında ise Ayvalık, Çeşme ve Di-dim'in tertemiz masmavi sularında yüzebilirsiniz. Her za-man kalabalık olan Bodrum yarımadasının nispeten sakin plajları Bağla ve Gümüşlük'te bulunur.

İstanbul'da denize girmek yüzmek, sağlık açısından son derece sakıncalıdır ancak Adalar civarı hayli temiz ve gü-venlidir. Özellikle Heybeli'nin kuzey ve batı kıyıları denize girmek için çok uygundur.

Rüzgâr Sörfü

Çeşme, Bodrum ve Marmaris civarında bulunan geniş koy-lar, rüzgâr sörfü için son derece elverişlidir. Bu üç merkez-de malzeme kiralayan ya da bu konuda danışabileceğiniz yerler bulunur.

EĞLENCE HAYATI

Taksim Meydanı'nda bulunan Atatürk Kültür Merkezi Dev-let Senfoni Orkestrası, Devlet Opera ve Bale temsillerine ev sahipliği yapar. Tel. (212) 251 56 00. Kültür ve sanat etkinlikleri çoğunlukla Haziran sonundan Temmuz ortasına kadar devam eder.

Uluslararası İstanbul Fesivali kapsamında dans ve opera performansları ile klasik müzik konserleri sahnelenir; ayrıntılı bilgileri turizm danışma bürolarından (s. 167) ya da İstiklâl Caddesi No. 146, Beyoğlu 80070 adresinde bulunan İstanbul Kültür ve Sanat Derneği'nden edinebilirsiniz. Tel. (212) 293 31 33. Ülke çapındaki diğer müzik ve sanat festivalleri için bkz. s. 132.

Türkiye'de eğlence hayatından bahsedip oryantal müzikten ve göbek dansından bahsetmemek olur mu? Müzikli ve danslı geceler

İstanbul'un hareketli gecelerinde kıvrak müzik eşliğinde eğlence.

düzenleyen sayısız şirket ve kuruluşa kolayca ulaşabilirsiniz. Örneğin İstanbul'da, Cumhuriyet Caddesi No. 30 adresinde bulunan Kervansaray (Tel. (212) 247 16 30), yerli ve yabancı turistlerin en çok ilgi gösterdiği yerlerin başında gelir. Antalya'da ise Hasan Subaşı Kültür Parkı'ndaki 7 Mehmet geleneksel danslı ve müzikli eğlenceler düzenlenleyen bir kuruluştur. Kapadokya, Akdeniz ve Ege gezileriniz süresince turizm danışma bürolarından, bulunduğunuz bölgenin eğlence mekânları hakkında da bilgi alabilirsiniz. Daha otantik bir etkinliğe tanık olmak isterseniz, İstanbul'daki Dîvan Edebiyatı Müzesi'ni ayın son Pazar günü saat 15.00'te ziyaret

Festivaller ve Etkinlikler

Gezinizi hangi aylar içerisinde planlarsanız planlayın, Anadolu topraklarının zengin kültürünün doğurduğu bir festivale mutlaka rastlarsınız. İşte güzergâhımızı kapsayan bölgelerin önemli festivallerinden bazıları:

Ocak Selçuk'ta yıllık Deve Güreşleri düzenlenir.

Nisan Uluslararası İstanbul ve İzmir film festivalleri kapsamında, dünyanın dört bir yanından gelen filmler izleyicilerle buluşur.

Nisan-Mayıs İstanbul Emirgan'da, Osmanlılardan miras kalan lale tutkusu, Lale Festivali ile yeniden yaşanır.

Mayıs Marmaris, Uluslararası Yat Festivali ile turizm sezonu açılır.

Haziran Ürgüp'te (Kapadokya) düzenlenen Uluslararası Şarap Yarışması'nda yöresel şaraplar dünyanın dört bir yanından getirilenlerle yarışır; İstanbul'dan yola çıkan tekneler, Uluslararası Offshore Yarışları kapsamında Ege Denizi'nden İzmir'e varırlar; Edirne'de yağlar sürünen güreşçiler Geleneksel Kırkpınar Yağlı Güreş Turnuvası'na katılırlar; Uluslararası Çeşme Şarkı Yarışması'yla da Çeşme müzikseverlerin akınına uğrar.

Haziran-Temmuz İstanbul Festivali ile dünyanın klasik müzik sanatçıları bir araya gelirler; Bursa, İzmir ve Marmaris'te folklorik sanat kolları, çeşitli dans ve müzik festivalleriyle kutlanır.

Ağustos İlyada'dan bölümler okunması ve güzellik yarışmasında modern Helena'nın seçilmesiyle Troya, Antik Çağdaki ihtişamını tazeler; Uluslararası İzmir Fuarı'yla yerel kültürün zenginlikleri kutlanır.

Eylül Ürgüp'te Uluslararası Bağbozumu Festivali ile yerel şarapların tadım etkinlikleri düzenlenir; Antalya'da Uluslararası Akdeniz Şarkı Yarışması ülkenin her yerinden yetenekli şarkıcıları buluşturur.

Ekim Antalya Film Festivali ile Türk yönetmenler, emeklerinin meyvelerini toplarlar; Uluslararası Bodrum Kupası dünyanın dört bir yanından yatçıları mücadeleye davet eder.

Kasım Marmaris'te düzenlenen Uluslararası Yat Yarışı, sezonun denizle ilgili sonuncu yarışıdır.

Aralık Demre'de düzenlenen Uluslararası Aziz Nikolaos Sempozyumu, daha çok Noel Baba olarak bilinen Anadolulu azizi onurlandırır; Konya'da semazenlerin ayinler düzenlediği Mevlânâ'yı Anma Törenleri yapılır.

edin; bu saatte semazenlerin ünlü ayinlerini seyredebilirsiniz.

Ege ve Akdeniz beldelerinde, insanların yaz sabahlarına kadar aynı enerjiyle dans ettikleri sayısız disko ve gece kulübü vardır. Daha loş ve romantik bir gece geçirmek isterseniz İstanbul, Meşrutiyet Caddesi No. 98'de bulunan Pera Palas (Tel. (212) 251 45 60; ayrıca bkz. s. 43) doğru bir seçim olabilir. Doğu Ekspresi Barı'nda kokteylinizi yudumlarken, bu 19. yüzyıl otelinin ağırladığı ünlüleri ve politikacıları hayal edebilirsiniz.

ÇOCUKLARLA YOLCULUK

Müzeler ve antik yıkıntılar bir süre sonra çocukları bunaltabilir. Bunun önüne geçmek mümkün olmasa da **İstanbul**'da Topkapı Sarayı'nın cephane odası, harem salonları, güzel bahçeleri; Boğaziçi'nin enfes manzarası onların da ilgisini çekecektir. Boğazda tekne gezintisine çıkabilir, yeraltı sarnıçlarını ya da çarşıları birlikte keşfedebilirsiniz.

Ege ve Akdeniz kıyılarında yüzyıllardan beri ziyaretçileri büyülemeye devam eden Efes'i; geçmişin izlerinin güzel plajlarla buluştuğu Ayvalık, Olympos ve Phaselis gibi antik kentleri; şirin Köyceğiz Gölü'nden tekneyle ulaşabileceğiniz Dalyan'ı; antik Kaunos ile göz alabildiğine uzanan ıssız İstuzu Sahili'ni ve teknelerin batık şehirlerin üzerinden seyrettiği Kekova Burnu'nu çocuklarla birlikte gezmek keyifli olabilir.

Kapadokya'da, Göreme ile diğer köylerin yüzlerce yıllık kilise ve manastır komplekslerinin gizli merdivenleri ve daracık koridorları da küçüklerin ilgisini çekebilir. Ortahisar ve Üçhisar köyleri, ulaşılması zor, tam çocukların maceraperest ruhlarına seslenen kaya kaleleridir. Yeraltı şehirleri olan Derinkuyu ile Kaymaklı'yı gizemli geçitlerden dolaşarak keşfetmek, eminiz ki onların da hoşlarına gidecektir.

DIŞARIDA YEMEK

Türk mutfağının taptaze malzemeler kullanılarak yapılan yemekleri son derece zengin ve lezzetlidir. Türkiye'de genel olarak, sofranıza getirildiği gün tutulmuş olan balık çeşitleri ve deniz ürünleri, taze sebzeler ve baharatlar, ızgara tavuk ya da kuzueti ve pide çeşitleri, köfteler ve zeytinyağlıların yanı sıra Osmanlı mutfağının geleneksel yemekleri ve tatlı çeşitleri mutlaka denenmesi gereken seçenekler arasındadır. Ayrıca sağlıklı Türk mutfağının bir harikası olan kaymaklı yoğurt ve ayran gibi hoş seçenekler de vardır. Hafif bir şeyler atıştırmak isteyenler ekmek arası köfte ve döner çeşitlerini deneyebilirler. Üstelik bunların yanında, modern yaşamın bir gereği olarak doğmuş fast-food ve pizza işletmeleri de bulunur.

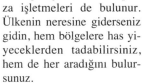

za işletmeleri de bulunur. Ülkenin neresine giderseniz gidin, hem bölgelere has yiyeceklerden tadabilirsiniz, hem de her aradığını bulursunuz.

Rehber kitabımızın kapsamındaki şehir ya da beldelerin her birinde, bar veya kafelerde sunulan ya da sokakta satılan hafif yiyeceklerden atıştırarak ayaküstü bir

Yemeklerden sonra midenizde tatlılara da yer ayırın; birbirinden lezzetli lokum çeşitlerine dayanamayacaksınız.

şeyler de yiyebilirsiniz. Öğle yemeği genellikle 12.00-15.00, akşam yemeği ise 19.00-22.00 arasında servis edilir. Ama yemek saatleri sadece bunlarla sınırlı değildir. Gecenin bir yarısı midesi kazınanların ya da içkiyi biraz fazla kaçıranların yaptığı gibi işkembecilere gidip bol sirkeli ve sarmısaklı işkembe çorbası içebilir ya da diğer kebap ve sakatat çeşitlerinden tercih edebilirsiniz.

İstanbul ve benzeri büyük şehirlerdeki lüks restoranların dışında, diğer yerlere günlük giysilerinizle gidebilirsiniz, ama her zaman için çok kısa ve açık giysiler giymek yerine derli toplu bir hava yaratmakta fayda var.

Ancak İstanbul gibi, dünyanın 24 saat hareketli olan kentlerinde sadece lüks ve kaliteli restoranlar değil, bütün işletmeler son derece kalabalık olabilir; önceden reservasyon yaptırmanız gerekebilir. Kaldığınız otele bu konuda olduğu gibi, ulaşım konusunda da danışabilirsiniz. Tabii bu lüks mekânların dışında, özellikle yaz aylarında gençler ve yabancı turist-

> **Bir zamanlar misafirperverlikleriyle tanınan Türkler, günümüzde de bu özelliklerini yitirmemişlerdir.**

lerle dolup taşan tatil yerlerinin sevimli kafe ve restoranlarını da tercih edebilirsiniz. Nereye giderseniz gidin sıcakkanlı ve misafirperver Türkler sizi en iyi şekilde ağırlayacaklardır.

Nerede Yenir?

İstanbul gibi büyük şehirlerin irili ufaklı, aslında biraz da fast-food modasına ayak uydurmuş mekânlarının çeşitliliği başınızı döndürebilir, bunlar büfe gibi karnınızı ayakta doyurduğunuz yerlerden iki katlı yemek salonlarına kadar çeşitlilik gösterir. **Kebapçılar** tam ağzının tadını bilen etseverlere göredir; incecik açılmış hamurla yapılan lahmacun, şişte çevrilerek pişirilen kuzu eti, közlenmiş sebzeler ve bunlardan yapılan mezeler, taze salatalar, acılı ezmeler, yanında fı-

*Zar gibi incecik açılan hamurlarla yapılan gözlemeler,
yanında soğuk bir ayranla güzel bir yaz yiyeceğidir.*

rından yeni çıkmış lavaş ya da pideyle sunulur. **Dönerciler-**
de de dilerseniz et döner, dilerseniz –artık giderek yaygınlaş-

> **Her yörenin kendine has
> lezzetleri, tarih içinde
> gelişen yaşam deneyimi-
> nin de bir göstergesidir.**

maya başlayan– tavuk döner,
yine pide ya da pilav eşliğinde
servis edilir. Pizza yemekten
sıkılanlar için **pide salonları**
güzel bir alternatif olabilir; çe-

şitli karışımlarla hazırlanan pideler doyurucudur.

Batının fast-food restoranlarına benzer yerlerin yanı sıra
öğünlük yemeklerin servis edildiği daha ucuz sayılabilecek
lokantalara gidebilirsiniz. Lokantaların müşterileri öğle ye-
meklerinde genellikle civarda çalışanlar, akşamları ise aile-
lerdir. Servis edilmeye hazır yemekler bir camekânda sergi-
lenir, siz beğendiğinizi seçersiniz ve yemeğiniz kısa sürede
masanıza gelir. Bu tip yerlerde et yemekleri, köfteler ya da
balık (her yerde olmayabilir), çoğunlukla türlü olarak sebze
çeşitleri ile pilav yanında kurufasulye gibi artık bir klasik ha-

line gelmiş ev yemekleri servis edilir. Yemeğini üzerine bir tatlı yiyerek tamamlamak isteyenler mevsimine göre değişmekle birlikte sütlü tatlılar, muhallebiler, çikolatalı pudingler arasından seçim yapabilirler.

Diğer kategorilere kıyasla **restoranlar** çok daha sıradışı olarak tanımlanabilir; dekorasyonu ve mönüleriyle aşırı olan yerlerin yanı sıra çok zarif mekânlar da vardır. Beldelerdeki restoranlar masalarını genellikle teraslara ve bahçelere taşırlar. Gün içinde sandviç çeşitleri, omlet ve krep gibi hafif yiyeceklerin servis edildiği **kafeler**i de tercih edebilirsiniz.

Dolaşırken bir yandan da bir şeyler atıştırmak isteyenler, kuru pastalar, kurabiyeler, börekler, kekler ve lezzetli pastalar alabilecekleri **pastane**lere ya da farklı malzemelerden yapılan taze ekmek çeşitlerini bulabilecekleri **fırın**lara uğrayabilirler.

Ne Yenir?

En mütevazı otellerde bile fiyata dahil olabilen **kahvaltı** çok zengin ve doyurucudur; çoğunlukla dilimlenmiş salatalık ve domates, zeytin çeşitleri, haşlanmış yumurta, börek çeşitleri, salam, sosis veya sucuk, yoğurt, taze meyve, kızarmış ekmek, tereyağı, peynir çeşitleri, reçeller ve bal servis edilir.

Ülkenin sevilen lezzetlerinden döner kebap artık tavuk etinden de yapılmaktadır.

Bunların dışında taze ya da konsantre meyve suyu, kahve (Türk kahvesi veya hazır kahve) ya da çay isteyebilirsiniz. Veya bunları bir yana bırakıp dışarıda peynirli börek ve çayla da güne başlayabilirsiniz.

Öğle yemeğinde hafif yiyecekler ya da taze salata ve zeytinyağlı yemeklerden oluşan güzel bir Akdeniz sofrasına kurulmak, sizi canlandırarak enerji verecektir. **Akşam yemeği** ise nerede olursanız olun, görsel bir şölene dönüşebilir. Sıcak ve soğuk iştah açıcılardan oluşan ve günlük olarak hazırlanan mezeler çok lezzetli ve doyurucudur; öyle ki sıra ana yemeğe geldiğinde çoktan doymuş olabilirsiniz.

Ana yemek seçenekleri ızgara kuzu, dana ya da tavuk etinden oluşur; domuz eti –tahmin edebileceğiniz gibi– pek çok restoranda servis edilmez. İster gösterişsiz, ister üst düzey olsun her restoranda kuzu ve tavuk kebaplarının çeşitli varyasyonlarını, ayrıca Türk mutfağının değişmezleri arasında yer alan köfte çeşitlerini bulabilirsiniz.

Bunların yanı sıra Türk mutfağının güzel bir spesiyalitesi olan sarmısaklı yoğurtlu mantıdan bahsetmeden olmaz, başlı başına bir keyif olan mantının da yerel çeşitleri vardır.

Akşama, ızgarada ya da tavada pişirilip güzel bir salata ve limonla servis edilecek olan lezzetli Akdeniz balıkları.

Ege ve Akdeniz kıyısı boyunca göreceğiniz restoranların başlıca balık mönüsünde mevsimine göre çinekop, levrek, kılıçbalığı, lüfer, çipura ya da barbun gibi dünyanın başka denizlerinde tutulmayan lezzetli balıkların yanı sıra ahtapot, midye, kalamar ve karides gibi deniz ürünleri de bulabilirsiniz. Bu restoranlarda günlük avlar, buzla doldurulmuş bir camekânda sergilenir, siz balığınızı buradan seçersiniz ve yemeğiniz ızgarada pişirilerek zeytinyağı ve limon eşliğinde servis edilir. Bunların dışında özellikle tereyağında alabalık da çok sevilir, hatta iç bölgelerde alabalığını kendi havuzu ya da göletinde yetiştirip, ağaçların gölgesi altındaki bahçesinde servis eden restoranlar da bulunur (bunun için örneğin, Akdeniz'in küçük bir beldesi olan Adrasan'da mola verebilirsiniz; s. 100).

> **Özellikle küçük kasaba ve köylerde sokaklardaki çeşmelerden su içebilirsiniz.**

Ana yemeklere eşlik eden tipik sebzeler mevsime göre değişmekle birlikte zeytinyağlılar, dolmalar ve salata çeşitleri olabilir – salata yeşil yapraklı sebzelerin yanı sıra domates, salatalık, soğan, yeşil biber, zeytin ve bazen de peynirle hazırlanabilir (çoban ya da mevsim salatası).

Geleneksel tatlılar arasında baklava, kadayıf, künefe, fıstıklı sarma gibi şuruplu tatlılar; susamlı ve kakaolu helva çeşitleri; ekmek kadayıfı ve vişneli ekmek gibi kaymakla birlikte servis edilen tatlılar sayılabilir. Tatlı düşkünleri pastanelerde bulabilecekleri dondurma çeşitlerinin yanı sıra muhallebi, tavukgöğsü gibi sütlü tatlılarla birlikte meyveli tartlar, *cheesecake* ve çikolatalı tatlılara da bayılacaklardır.

İçecekler

Küçük yerleşimlerde çoğunlukla alkol servis edilmez. Genellikle şarap ve biradan oluşan alkollü içkiler mönüsüne daha çok büyük kentlerdeki işletmelerde rastlayabilirsiniz.

Çok eski tarihlerden bu yana şarap üretilen Anadolu'da, özellikle son yıllarda şarap konusunda büyük bir gelişme görülmektedir. Kapadokya ile Ege kıyısının üzümlerinden yapılan şaraplar giderek yaygınlık kazanmakta, hatta bazı restoranlarda sadece yerel türler servis edilmektedir. Ünlü yerli markalar arasında Kavaklıdere, Doluca, Diren, Sevilen, Turasan ve Pamukkale şarapları sayılabilir.

Bira ısmarlarsanız büyük bir olasılıkla Efes Pilsen servis edilecektir; ithal markalardan Budweiser, Heineken ve Corona da bulabilirsiniz. Daha sert içkilerden cin ile votka yerel üretimlerdir; bunların dışında ithal likörler beldelerin çoğunda ve büyük şehirlerdeki barlarda bulunabilir.

Ancak geleneksel Türk içkisi, halk arasında "aslansütü" olarak da bilinen ve anasonlu bir içki olan, buzla, suyla veya sek içilen rakıdır. Rakı sofralarının zenginliği göz kamaştırıcıdır. Sarmısaklı yoğurtlu mezeler, peynir çeşitleri, kavun dilimleri, tarama ve zeytinyağlılar, güzel bir sohbetle birlikte rakının eşlikçisidir.

Kahve ısmarlayacak olursanız, genellikle Neskafe olarak bilinen hazır kahve servis edilir; daha dolgun bir lezzet arıyorsanız sade, orta şekerli ya da şekerli olarak sunulan Türk kahvesini tercih edebilirsiniz. Çay da son derece yaygın olarak tüketilir; hatta sohbete daldığınız dükkânlarda genellikle size de ikram edilir. Üstelik adaçayı, kuşburnu veya elma çayı gibi mevveli ve aromalı çaylar da hoş seçeneklerdir.

> **Dünyada da Türk kahvesi olarak bilinen ve özellikle yemeklerden sonra içilen kahve ülkenin geleneksel içeceklerinden biridir.**

Büyük kentlerde ve turistik merkezlerde, zaten bir çeşme bulamazsınız ama, pratik pet şişelerde satılan içme suyunu, diğer soğuk içecekler gibi süpermarketlerden ve bakkallardan satın alabilirsiniz.

GEREKLİ BİLGİLER

A'dan Z'ye Pratik Bilgiler

A

ACİL DURUMLAR (ayrıca bkz. POLİS)

Polise ulaşmak için 155'i (ülkenin her yerinde bu numara geçerlidir, gerekli durumlarda yerel polise yönlendirilirsiniz), itfaiye için 110'u cankurtaran için ise 112'yi arayın.

ARABA KİRALAMA

Avis, Budget ve Hertz gibi belli başlı uluslararası şirketlerin Türkiye'de de şubeleri bulunmakta, üstelik fiyatlar, özellikle haftalık ya da daha uzun süreli kiralamalarda, oldukça cazip tutulmaktadır. Örneğin, düz vitesli küçük bir arabayı 250$'a bir haftalığına kiralayabilirsiniz. Öte yandan klimalı ve otomatik vitesli bir araba için aynı süre için bu fiyatın iki katı (daha bile fazla olabilir) ödeyebilirsiniz.

Ancak uzun yolculuklar için otobüsü tercih edip, gittiğiniz yerde birkaç günlüğüne araba kiralamak da akıllıca bir seçim olabilir, böylece ulaşımı zor olan antik kentleri ya da diğer turistik noktaları kolaylıkla ziyaret etme imkânına kavuşabilirsiniz. Ama bu durumda arabanın günlük kirası haftalığından biraz daha pahalıya gelecektir; yine de bunu seçerseniz, gelişmiş tatil beldelerinde birçok araba kiralama şirketi bulabilirsiniz. Ücretlendirmeyi kilometre başına yapan şirketleri tercih etmeyin, çünkü bu size pahalıya patlayabilir. Ayrıca araba kiraladığınız süre boyunca pasaportunuzu ya da kimliğinizi rehin isteyen küçük şirketlere güvenmeyin.

Şirketlerin arabaları çoğunlukla sigortalıdır ancak bu, sadece kendi arabalarının hasarını kapsar. Karşı tarafın hasarından feragat hakkı (yani çarpma sonucunda diğer araç(lar)ın hasar(lar)ı ile ilgili madde) genellikle sigortaya dahil değildir. Bunun da dahil olması için mutlaka istenen ek ücreti ödeyin, çünkü trafik kazalarına çok sık rastlanmaktadır (bkz. Araba Kullanırken). Kiralama ücretine % 15 oranında KDV dahildir, ayrıca arabayı kiralama şirketinin ofisine teslim etmeyip havaalanında bırakırsanız ek bir ücret ödemek durumunda kalabilirsiniz. Kiraladığınız bir arabayla kaza yaparsanız, (mümkünse araçları hareket ettirmeden) bir an önce trafik polisine haber verip rapor tutturun. Sigorta talepleri polis kayıtlarına işlenmediği sürece geçersiz sayılır; bu durumda da araba kiralayan şirketin bütün zararı sizden talep etme hakkı doğar – sigorta için gerekli parayı ödemiş olmanıza bakılmaksızın.

ARABA KULLANIRKEN

Türkiye'de hem şehirlerarası trafiğe çıkabilmek, hem de büyük kentlerde araba kullanabilmek için üstün yeteneklere sahip olmak şarttır. Az sayıdaki ücretli ve geniş (dört şeritli) otoyollar ile iyi durumda olan karayollarının dışında diğer yollar çukurlarla kaplı ve bozuk, tabelalarla yeterince açık belirtilmemiş ve yeterince aydınlatılmamış, üstelik tehlikelere kucak açar derecede dar ve virajlıdır. Kırsal bölgelerde araba kullanırken keçi ya da koyun sürüleri veya sürüden kaçmış hayvanlar ya da çok yavaş ilerleyen veya durmuş tarım araçlarının yolunuza çıkma ihtimali çok yüksektir. Böyle olayların gece meydana gelmesi ise kaza olasılığını iki katı artıran bir faktördür; farı ya da herhangi bir ışıklandırması bulunmayan römork ve traktörlere sık rastlandığını da belirtelim. Bu yüzden sadece gündüz saatlerinde yola çıkmanızı öneriyoruz.

Yollarda sizi bekleyen diğer bir tehlike de motosikletlilerdir. Bunlar araçlarını hızlı ve dikkatsizce kullanırlar, yavaş gidiyorsanız bu kişilere özellikle dikkat edin. Motosikletlilerin dışında bir de, artık hurdalıkta olması gereken arabaları kullananlar vardır. Bütün bu koşulları da göz önünde bulundurarak unutmamanız gereken kurallar şunlardır: Arabanızı, başkasının hatasının kazaya yol açmasını da önleyecek derecede tedbirli kullanın. Yolun sağından gidin, önünüzdeki aracı geçmek için sadece sol şeridi kullanın. Kavşaklarda ilk geçiş hakkı sağ tarafta bulunan araçlardadır. Her zaman dikkatli olun ve alkollüyken araba kullanmayın; yakalandığınız takdirde ehliyetinize el konur ve cezası çok yüksektir.

Araba kullananların B sınıfı ehliyet sahibi olmaları gerekir. Yola çıkarken ehliyet ve ruhsat mutlaka bulundurulmalıdır. Ayrıca trafik sigortası ile araba vergisinin ödenmiş olduğuna dair gerekli belge ve pulları da yanınızda taşımalısınız. Bunun dışında bir arabada bulunması gereken gereçler şunlardır: İlkyardım çantası, yangın söndürme cihazı, reflektör (2 adet), stepne ve takoz. Yolda karşınıza çıkan herhangi bir sorunu en etkili biçimde çözmek istiyorsanız bu uyarıları göz ardı etmeyin. Seyahat halindeki sürücü ve yolcuların emniyet kemerlerinin takılı olması zorunludur, motosikletli ve bisikletliler ise kasklarını takmak zorundadırlar.

Hız sınırı şehirlerarası yollarda 90 km/sa, şehir içindeyse 50 km/saattir. Bir kaza ya da arıza durumunda Türkiye Turing ve Otomobiller Birliği'nin acil servis hattını (212) 280 44 49'dan arayabilirsiniz. Çağrınızla ilgilenen görevli sizi en yakındaki otomobil servisine yönlendirecek ya da gerekli işlemleri yapmanıza yardımcı olmak amacıyla yerel polisin bulunduğunuz noktaya gelmesini sağlayacaktır.

Şehir ve kasaba içinde ya da kalabalık tatil beldelerinde, yolun kenarında park yeri bulmanız zor olabilir (ve bu aslında yasaktır). Kurallara uygun olarak park edebilmek için tabelalara dikkat edin. Birçok şehir ve kasabada, alışveriş merkezleri ile turistik yerlerin yakınlarında otoparklar bulunur; mümkünse her zaman bunları kullanmaya çalışın.

Büyük kasabalar ve tatil beldelerinde benzin istasyonu bulmakta hiç zorluk çekmezsiniz, ama bu tür yerler arasında yolculuk ederken yola dolu depoyla çıkın. Kırsal bölgelerde benzin istasyonları hem sayıca az hem de birbirinden uzak olabilir. Benzinin fiyatına gelince, çok kısa aralıklarla zamlanıyor olsa da Avrupa standartlarına göre ucuz, Kuzey Amerika'ya kıyasla pahalıdır. 1 litresi yaklaşık 1$ olan benzini süper, normal ve kurşunsuz olarak bulabilirsiniz.

Yol işaretlerinde çoğunlukla uluslararası semboller kullanılmaktadır, ama otobanlar haricinde Türkiye yollarının büyük çoğunluğu için bu işaretlerin yeterince açık olduğu söylenemez. Bu nedenle eğer yolu iyi bilmiyorsanız, yanınızda ayrıntılı bir yol haritası bulundurun.

B

BAHŞİŞ

Bahşiş, çalışanların gelirlerinin önemli bir bölümünü oluşturur, bu yüzden cömertliğinizi sergilemekten kaçınmayıp onların da gönlünü almakta fayda var.

% 15 oranında hizmet bedeli, restoranlarda hesaba her zaman eklenir; ama siz yine de iyi bir servis için teşekkürlerinizin bir ifadesi olarak bahşiş bırakın. Miktar, hesabınızın kabarıklığına ve servisin kalitesine göre değişebilir ancak % 10-15'lik bir bahşiş bırakabilirsiniz; yine de karar veremiyorsanız bir-iki dolar karşılığı Türk lirası yeterli olacaktır. Otelinizde bavullarınızı taşımanıza yardımcı olan görevliye bir dolar (karşılığı Türk lirası);

her gün odanızı temizleyen hizmetliye de orada kaldığınız sürece, her gün için aynı miktarda bahşiş verebilirsiniz. Küçük otellerde ve pansiyonlarda resepsiyonda konuklarla ilgilenen görevliler aynı zamanda temizlik, servis, garsonluk, sekreterlik ve benzeri işlerden de sorumlu olduklarından, otelden ayrılırken, özellikle de çok memnun kalmışsanız cömert bir bahşiş bırakmak yerinde olacaktır – örneğin 20$ gibi bir miktar memnuniyetinizin iyi bir göstergesidir. Taksi şoförüne bahşiş vermek isterseniz taksimetrede yazan fiyatı yuvarlayın, ne kadar artıracağınız size kalmış. Tur rehberleri, gezi teknesi operatörleri ve bu sektörde çalışan diğer görevliler de bahşiş beklerler. Siz de sundukları hizmetin kalitesine uygun olduğunu düşündüğünüz bir miktar verebilirsiniz; örneğin 5 ya da 10$ (karşılığı Türk lirası) sıcakkanlı bir servis için fena sayılmaz.

BİSİKLET ve MOTOSİKLET KİRALAMA

Yaz sıcağı ve büyük çoğunluğu bozuk olan yollarıyla Türkiye, bisikletçiler için bir cennet sayılmaz. Gelişmiş tatil beldeleri ile Kapadokya'da bisiklet kiralayan yerler bulabilirsiniz, ancak küçük motosikletler daha yaygın olarak bulunabilir. Bodrum Yarımadası ve Kapadokya gibi yolları daha düz ve sakin olan birkaç yer dışında ulaşımınızı bisikletle ya da küçük motosikletle yapmanın ne kadar çetin, hatta tehlikeli olduğunu göreceksiniz. Örneğin bir Akdeniz kasabasından yakınlardaki bir diğerine giderken dolambaçlı, çukurlu ve kalabalık yollarda yaşayacağınız pek de hoş olmayan bir macera, sizi bu sevdadan uzaklaştıracaktır. Bütün bunlara rağmen motosikletle gezmeye kararlıysanız uygun sürücü belgenizi yanınızda bulundurun, kira ücretine sigortanın dahil edildiğinden emin olun, mutlaka bir kask isteyin (ve tabii takmayı ihmal etmeyin).

Ç

ÇALIŞMA SAATLERİ

Genel olarak çalışma saatleri şu şekildedir: Arkeolojik alanlar her gün 08.00-18.00 (yerlere göre farklı olabilir); bankalar hafta içi her gün 08.30-öğle ile 13.30-17.00; devlet daireleri hafta içi her gün 08.30-12.30 ile 13.30-17.30 (turizm danışma büroları hafta sonları da açıktır, bkz. s. 170); müzeler Salı-Pazar 09.30-17.30 (yerlere göre farklı olabilir); restoranlar öğle yemeği için 12.00-14.30/15.00, akşam yemeği için ise 19/19.30-22/22.30 (içkili ve müzikli yerler daha geç saatlere kadar açıktır); mağazalar 09.30-19.00 (bazı turistik beldelerde bulunanlar gece yarısına kadar açıktır) arasında hizmet verirler.

E

ELEKTRİK AKIMI

Ülkenin tamamında 220 volt akım ve 50 Hz devir geçerlidir. Prizler iki girişlidir. Özel elektrikli aletleri olanlar transformatör ve adaptör kullanmak zorundadırlar.

EŞCİNSEL GEZGİNLER

Yasalara göre 18 yaşını doldurmuş olanların istedikleri cins ile ilişkiye girebilme özgürlükleri bulunsa da, büyük kentler dışında eşcinsel yaşam tarzı henüz kabul görmemektedir. Öte yandan yasal olarak da eşcinsel hakları tanınmamaktadır, örneğin homoseksüelliğe ilişkin herhangi bir eserin yayımlanması ve dağıtılması yasaktır. Geçtiğimiz yıllarda gemiyle Kuşadası'na gelen ve eşcinsellerden oluşan bir turist kafilesinin limana yanaştırılmaması, yabancılar arasında olsa bile, açık eşcinsel tavırların sergilenmesine ilişkin halkın ve hükümetin vereceği tepki konusunda bir ipucu olabilir (ancak aynı turist kafilesi İstanbul'da törenle karşılanmıştı). Öte yandan aynı cinsiyetten olan kişilerin beraber yolculuğa veya yemeğe çıkması, beraber eğlenmesi olağan bir durumdur.

Türkiye'de erkekler karşılaştıklarında birbirlerini yanaklarından öperler ve çoğunlukla fiziksel temasta bulunurlar ancak açıkça cinselliği çağrıştıran davranışlar hemen göze batar ve tepki görür. Eşcinseller Bodrum ve Marmaris gibi gelişmiş tatil beldelerinde rahat edebilirler, hatta turizm merkezlerindeki eğlence hayatından hoşnut kalacaklardır.

G

GEZİ REHBERLERİ ve TURLAR

Ülkedekiler dışında, dünyanın dört bir yanında Türkiye turları üzerinde uzmanlaşmış acentalar bulunmaktadır. Turizm danışma büroları, yerel seyahat acentaları ve oteller bu kuruluşların bir listesini sağlayacaklardır. Türkiye'de uzmanlaşan tur operatörlerine ilişkin ayrıntılı bilgiyi profesyonel seyahat organizasyonlarından edinebilirsiniz.

Bunların yanı sıra ülkenin hemen her yerinde müzeler, arkeolojik bölgeler ve diğer turistik yerler dışında da geziler düzenleyen kapsamlı organizasyonlar bulabilirsiniz. Rehberler aydınlatıcı olmanın yanı sıra, yazılı kaynaklarda bulamayacağınız öyküler anlatabilirler; üstelik fiyatlar oldukça hesaplıdır. Ancak rehberin ısrarcı tavırları sizi rahatsız ediyorsa, başka birini tercih etmekte özgürsünüz.

GEZİNİZİ HESAPLARKEN

Diğer Avrupa ülkelerine kıyasla Türkiye ucuz sayılır. Seyahat amaçlı olarak yurt dışına çıkmasanız ve kıyaslama yapmak iste-

meseniz bile bütçenize uygun konaklama ve yemek seçenekleri-
ni, özellikle çok turistik olmayan yerlerde bulmanız mümkün.

Bütçenizi gezinize göre düzenlerken İstanbul ve Bodrum gibi
birkaç tatil beldesi ile Türkiye'nin diğer bölgelerini iki ayrı dün-
ya olarak düşünün. Buna göre İstanbul, diğer bölgelere göre çok
pahalıdır. Örneğin İstanbul ya da Bodrum'da iki kişilik kaliteli
bir odanın gecesine 100$ karşılığı ödeyebilecekken, aynı stan-
dartta bir odayı diğer bölgelerde yarı fiyatına tutabilirsiniz.

Ülkenin hiçbir yerinde dışarıda yemek çok pahalı değildir; ta-
bii İstanbul'un en iyi restoranlarından birini tercih etmediyseniz.
Böylesi lüks restoranlarda yaklaşık 50$'a karnınızı doyurabile-
cekken, başka mekânlarda bunun dörtte birinden bile azını öder-
siniz. Hafif yiyeceklerle geçiştirebileceğiniz öğle hatta akşam
yemekleri, arkeolojik alanlara giriş ücretleri, otobüs biletleri,
çay, kahve ve diğer içecekler çoğunlukla 1$ kadardır.

GENEL TUVALETLER

Pasajlarda, park ve bahçelerde bulabileceğiniz genel tuvaletler
genellikle ücretlidir. Benzin istasyonlarının ya da camilerin tuva-
letlerini ise çoğunlukla ücretsiz kullanabilirsiniz. Bunların dışın-
da bar, kafe ve kahvehanelerin tuvaletlerini de kullanabilirsiniz,
ancak bu tip yerlerde ya bir şeyler içmek ya da tezgâha biraz pa-
ra bırakmak gerekir. Alaturka tuvaletlerin yanı sıra alafranga tu-
valetler de bulunur, ama tuvalet kağıdı her zaman bulunmayabi-
lir, bu nedenle yanınızda kâğıt havlu, mendil ya da peçete bulun-
durmanız yerinde olur. Ayrıca bazı yerlerde, kullanılan tuvalet
kağıdı, tuvalete değil ayrı bir sepete atılmalıdır.

Oteller ve restoranların yanı sıra bazı müzelerde, arkeolojik
alanlarda ve çoğunlukla turistlere hizmet veren kafelerde, kâğıt
havlusu ve tuvalet kâğıdı olan tuvaletler de vardır.

GİYİM

Ege ve Akdeniz beldeleri dışında iç bölgelerdeki kasaba ve şehirlerde şort ve tişört ya da atletlerle dolaşırsanız bütün gözler size çevrilebilir. Böyle bir giyim tarzı hem oranın yabancısı olduğunuzu ilk görüşte belli eder, hem de bazı hoş olmayan durumlara sebep olabilir. Gittiğiniz yerde saygı görmek ve ciddiye alınmak istiyorsanız, genel olarak çoğunluğun giyim tarzına uyum gösterin. Yazın erkekler pantolon ve kısa kollu gömlek, kadınlar elbise veya pantolon ya da etek ile bluz giyerler. Daha turistik beldelerde ise giyim için özel bir sınırlama yoktur, ama turistik yerler dışında uyarımızı göz önünde bulundurun. Mayo, bikini ve kısa şort gibi mini giyecekleri sadece plajda giyin.

Camileri ziyaret ederken hem erkeklerin hem de kadınların yeterince kapalı giyinmiş olması gereklidir – zaten kadınlar başlarını örtmek zorundadırlar. Arkeolojik bölgeleri gezerken zorlu patikalardan tırmanmak üzere dayanıklı yürüyüş ya da dağ ayakkabılarınızı giyin; güneş gözlüğünüzü ve şapkanızı yanınıza almayı sakın unutmayın.

Ekim ile Nisan ayları arasında İstanbul'a ya da kıyılara geliyorsanız yanınıza birkaç kazak alın; Kapadokya genellikle daha soğuk olabilir, kalın bir hırka ya da monta ihtiyacınız olacaktır. İstanbul'un lüks restoranlarında ceket ve kravat zorunludur; gene de herhangi iyi bir restorana gidiyorsanız, rahat kıyafetinizin aynı zamanda şık olmasına da özen gösterin.

GÜMRÜK ve GİRİŞ ŞARTLARI

Avustralya, Kanada ve Yeni Zelanda vatandaşları, 90 günden az kalacaklarsa, pasaportlarını yanlarında bulundurmaları yeterlidir. ABD ile Birleşik Krallık vatandaşları ise pasaportlarının yanı sıra kendi ülkelerindeki Türk büyükelçilikleri ve konsololuklarından ya da sınırdaki belli noktalardan edinebilecekleri vizelerini bulundurmalılar. Britanya vatandaşları 10 sterlin, ABD vatandaşları ise 45$'ı Amerikan doları olarak girişte öderler. Vizeler 90 günlük süre zarfında birden fazla giriş için kullanılabilir. Ancak vizenin, pasaportunuzun geçerlilik süresinden sonrası için uzatılamayacağını hatta pasaportunuzun süresi bitmek üzereyse çıkarılmayacağını unutmayın.

Yolculuğunuz sırasında pasaportunuz kaybolursa bir değiştirme işlemi yapmanız gerektiğini düşünerek pasaportunuzun ilk sayfası ile Türkiye için çıkan vizenin işlendiği sayfanın ikişer fotokopisini çektirin. Bu fotokopilerden birini yanınızda, diğerini de güvenilir bir yerde saklayın; böylece birini kaybederseniz diğerini kullanabilirsiniz. Vizeyi sınırdan alacaksanız, bir an önce fotokopisini çektirip güvenli bir yere kaldırın.

Türkiye sınırlarından 200 sigara, 50 puro ve 2,5 litre alkollü içkiyi vergi ödemeden içeri geçirebilirsiniz. Tahmin edeceğiniz gibi uyuşturucu madde ve ateşli silahların sınırdan geçirilmesi yasalara aykırıdır. Gümrük memuru bavullarınızı kontrol eder ve fotoğraf makinası, CD çalar, bilgisayar, video kamera gibi diğer ülkelere kıyasla Türkiye'de çok daha pahalıya satılan elektronik cihazların fazla sayıda olduğunu görürse şüphelenebilir ve sorun, mallarınıza el konulmasına kadar büyüyebilir.

Döviz Kısıtlamaları ve Katma Değer Vergisi. İstediğiniz miktarda dövizi ülkeye getirebilirsiniz, ancak ülkeden çıkarken 5.000$ karşılığından fazla döviz çıkarıyorsanız bildirmeniz gerekir. Yurt dışında Türk lirasını dövize çevirmenin çok zor olduğunu hatırlatalım.

Ülkede satılan malların çoğuna % 15 KDV uygulanır. T.C. vatandaşı olmayanlar, 5.000.000 liranın üzerinde yaptıkları alışverişlerinin KDV'sini talep edebilirler (bu mağazaların girişlerinde, vergi dairesinden aldıkları ilgili sertifika asılıdır). Sadece alışverişlerini yaptıktan 90 gün sonra ülkeden ayrılacak olan yabancılara tanınan bu haktan, ancak bazı karmaşık işlemler sonucunda yararlanabilirsiniz. Satıcı size üç dekont ile bir fatura verir; siz de bunları havaalanındaki gümrük memurlarına gösterirsiniz. Bunun üzerine memurlar, dekontları damgalayıp ülkeden ayrılışınızdan sonra bir ay içinde ilgili mağazaya gönderirler. Mağaza da size çekinizi gönderir veya onaylanmış dekontları almasından itibaren on gün içinde bankadan havale yapılmasını sağlar. Bazı durumlarda da mağaza, vergi oranını öder ve bürokratik işlemlerle kendisi ilgilenir; bunu rica etmekten çekinmeyin.

H

HARİTALAR

Türkiye'yi, mutlaka bir harita yardımıya keşfedin; plajlara, antik kentlere ve muhteşem doğal güzelliklerin kucağına açılan yolları ve tabelaları sakın gözden kaçırmayın. Yine aynı nedenle İstanbul ve diğer şehirlerde dolaşırken de iyi bir şehir haritası edinmek gereklidir. Şehirlerde ve turistik beldelerde yol haritaları bulabilirsiniz, hatta turizm danışma bürolarından alacağınız broşür ve kitapçıklarla da güzel bir gezi planı yapabilirsiniz.

HAVAALANLARI

Havayolunu tercih eden ziyaretçiler İstanbul'a Atatürk Havaalanı'ndan varırlar. Kuzey Amerika'dan geliyorsanız Türk Hava Yolları'nın Chicago, Miami ya da New York'tan İstanbul'a aktarmasız seferleri vardır; New York'tan geliyorsanız Delta'yı da tercih edebilirsiniz. Ya da Amerika'nın herhangi bir yerinden, bir Avrupa kenti üzerinden aktarma yaparak da İstanbul'a gelebilirsiniz. Avrupa'dan İstanbul'a seferler düzenleyen havayollarının başında Air Canada, Air France, Alitalia, British Airways, KLM/Northwest, Lufthansa, Olympic, Sabena, SAS, Swissair ile United gelmektedir.

Şehrin 25 km güneybatısında bulunan Atatürk Havaalanı, biri uluslararası diğeri yurtiçi uçuşlar için olmak üzere iki terminali kapsar. Terminaller arası ulaşımı dolmuşla sağlayabilirsiniz. Yeni inşa edilen uluslararası terminalde restoranlar, bekleme salonları ile vergisiz malların (Alman markı üzerinden) satıldığı mağazalar bulunmaktadır.

Havaalanına ulaşımı sağlayan otobüsler 05.30-10.00 ile 14.00-20.00 arasında yarım saat, onun dışında bir saat arayla işler. Aynı zamanda terminaller arasında da çalışan bu otobüslerin güzergâhı, biri Sultanahmet yakınlarında ve sonuncusu Taksim Meydanı'nda olmak üzere, şehrin pek çok merkezi noktasını içerir. İstanbul'un metrosu, tarihi kesin olarak belirlenmemişse de, pek yakında havaalanına da hizmet vermeye başlayacaktır. Havaalanından taksiyle Sultanahmet ya da Taksim Meydanı'na gidecek olursanız yol yaklaşık 45 dk. sürer ve 12$ civarında tutar. Bunların dışında taksi-dolmuşu da tercih edebilirsiniz.

Atatürk Havaalanı'na alternatif olan Sabiha Gökçen ise 2001 baharından beri uluslararası özel uçuşlara hizmet vermektedir. Önümüzdeki beş yıl içinde daha işlek olması planlansa da bugünlerde çoğu şirket Atatürk Havaalanı'nı kullanmaktadır.

İstanbul'da kalmadan diğer bölgelere geçmeyi düşünüyorsanız, diğer şehirlerdeki uluslararası havalanlarına inebilirsiniz. Atatürk Havaalanı dışında diğer iki önemli uluslararası havaalanı; Ege bölgesine hizmet veren İzmir ile Akdeniz kıyısına ulaşımı sağlayan Antalya'dır. Londra, Paris, Frankfurt gibi Avrupa şehirlerinden İzmir ya da Antalya havaalanlarından aktarmasız gelinebilir, ancak bu seferler yaz aylarında haftada bir veya iki kez gerçekleştirilmektedir.

İstanbul ile diğer büyük şehirler arasındaki yurtiçi ulaşımını THY ile sağlayabilirsiniz. Gezinize İstanbul'dan devam edecekseniz Ege kıyısı için İzmir ya da Bodrum; Akdeniz kıyısı için Dalaman ya da Antalya; Kapadokya için ise Kayseri havaalanlarına inebilirsiniz.

HOSTELLER

Türkiye hosteller bakımından pek zengin değildir; hem hostellerin sayısı azdır, hem de olan hostellerin bulundukları yerler pek iç açıcı değildir. Üstelik hostellerle ucuz otelleri ve pansiyonları karşılaştıracak olursanız arada çok büyük farklar olmadığını görürsünüz. Gene de bir hostelde kalmakta ısrarlıysanız, yerel turizm bürolarından bunların yerlerini öğrenebilirsiniz.

İBADET

Türk halkının % 99'u müslümandır. İstanbul gibi büyük kentlerde diğer dinlerin ibadethanelerini (kilise, sinagog gibi) bulmak mümkündür; bunu için ayrıntılı bilgiyi turizm danışma bürolarından (s. 167) edinebilirsiniz. Ülkenin en değerli hazineleri arasında bulunan camilere, onları sadece görüp tanımak amacıyla da gelebilirsiniz ancak ziyaretinizi, günde beş vakit kılınan namaz saatleri (sabah, öğle, ikindi, akşam ve yatsı) dışında yapmalısınız. Camiye ayakkabılarınızla giremezsiniz (büyük camilerde bir görevli bunu kontrol eder, diğer yerlerde ayakkabılarınızı ayakkabılığa bırakabilirsiniz). Hem kadınların hem de erkeklerin kolları ve bacakları kapalı olmalıdır, kadınlar ayrıca başlarını örtmek zorundadırlar.

İKLİM

Türkiye'nin değişken coğrafi özelliklerinden dolayı hava sıcaklığı yıl içinde bölgelere göre büyük değişiklikler gösterebilir. Yaz mevsiminde ülke genelinde sıcak ve güneşli günler yaşanır. Güneşe ve denize hasret olanın kaçırmaması gereken bu dönem kıyı kesimlerdeki turistik tesisler çok kalabalık olur. Kış ayları İstanbul ile Kapadokya'da yağışlı ve serin (Orta Anadolu'nun diğer yerlerinde çok daha soğuk ve karlı olabilir); Ege ve Akdeniz kıyılarında ise ılık geçer. Ülkeyi gezmenin en iyi zamanları havanın aşırı sıcak olmadığı, kalabalıkların da henüz kıyılara akın etmeye başlamadığı ilkbahar ve sonbahar ayları olabilir; üstelik bahar aylarında hem yağmurlar sürekli değildir, hem de doğanın rengârenk güzelliği kendini gösterir.

Büyük kentlerde görülen aylık sıcaklık ortalamaları aşağıda verilmiştir; bunların dışındaki kentlerle ilgili ortalamaları ve ihtiyaç duyabileceğiniz diğer bilgileri Devlet Meteoroloji İşleri'nin hazırladığı <www.meteor.gov.tr> adresindeki sitesinden de alabilirsiniz.

İstanbul	O	Ş	M	N	M	H	T	A	E	E	K	A
°C en yüksek	8	9	11	16	21	25	28	28	24	20	15	11
°C en düşük	3	2	3	7	12	16	18	19	16	13	9	5

Ankara	O	Ş	M	N	M	H	T	A	E	E	K	A
°C en yüksek	4	6	11	17	23	26	30	31	26	21	14	6
°C en düşük	-4	-3	-1	4	9	12	15	15	11	7	3	-2

İzmir	O	Ş	M	N	M	H	T	A	E	E	K	A
°Cen yüksek	13	14	17	21	26	31	33	33	29	24	19	14
°C en düşük	4	4	6	9	13	17	21	21	17	13	9	6

Türkiye

Antalya	O	Ş	M	N	M	H	T	A	E	E	K	A
°C en yüksek	15	16	18	21	26	30	34	33	31	27	22	17
°C en düşük	6	7	8	11	16	19	23	22	19	15	11	8

K

KAMPİNG

Sadece hükümet tarafından belirlenen, az sayıdaki yerde kamping yapılabilmektedir. Birçoğu Ege ve Akdeniz kıyılarında bulunan bu yerler genellikle Nisan'dan Ekim ortalarına kadar açıktır. Çoğunlukla pansiyonların arazilerinde bulunduklarından, yerel turizm danışma bürolarının hazırladıkları konaklama listelerinde kamp yerlerine ilişkin bilgileri de bulabilirsiniz. Orman Bakanlığına, Milli Parklar kuruluna ya da hükümetin diğer kollarına bağlı olanlar da dahil olmak üzere kamp yerlerinin bir listesi için Türkiye Kamp ve Karavan Derneği'ne danışabilirsiniz. Bestekâr Sokak No.62/12 Kavaklıdere, Ankara; Tel. (312) 466 19 97; Faks (312) 426 85 83.

Yatak rahatlığından vazgeçmeden doğanın kucağında konaklamanın alışılmadık ve keyifli yöntemlerinden biri de özellikle de Olympos civarında rastlayabileceğiniz ağaç-evlerde kalmaktır. Bunlar genellikle üzerleri kapalı, (kertenkele ve diğer sürüngenlerden uzakta) yükseltilmiş platformlardır; hatta bazen sivrisinek kovucu tablet ya da cibinlik gibi olanaklar da sunulur.

KONAKLAMA

Son yirmi yıl içinde, başta İstanbul olmak üzere Ege ve Akdeniz beldeleri ile Kapadokya'da kaliteli otellerin sayısında büyük bir artış olmuştur. Uluslararası otel zincirleri buralarda kendi şubelerini açmış, Osmanlı döneminden kalma konak, köşk ve benzeri tarihi yapılar misafirhane olarak hizmet vermeye başlamıştır.

Konaklayabileceğiniz yerler genel olarak üç kategoriye ayrılır. Otelleri bütün büyük kasaba ve şehirlerde bulabilirsiniz, motellere ise daha çok Ege ve Akdeniz'deki turizm beldelerinde rastlarsınız. Bunlar genellikle bungalovlarında ya da küçük kabinlerinde konakladığınız, kendine ait bir plajı olan ve spor olanakları sunan yerlerdir. Bir de pansiyonlar vardır; genellikle kırsal yörelerde rastlayabileceğiniz pansiyonlar hiçbir çekiciliği olmayan yerlerden kendine has, şehirlerin ve kasabaların tarihi köşelerinde yüzlerce yıllık mekânların kucağında modern olanaklar sunan Yatak-Kahvaltı tarzı yerlere kadar çeşitlilik gösterir.

Bakanlığın bu işletmeleri derecelendirme yöntemi biraz karmaşıktır. HL, lüks işletmeleri belirtirken diğer oteller sundukları olanaklara göre H1'den (birinci sınıf otel) H5'e (beşinci sınıf otel) kadar derecelendirilir. Teknik olarak bu derecelendirme asansör, odalarda banyo ve klima gibi olanaklara göre düzenlenir. Öte yandan yıldız sisteminin kuralları çok katıdır; bir işletmenin ne kadar otantik ve çekici olduğunu yıldızlardan anlayamazsınız. Örneğin konaklamaktan büyük keyif alabileceğiniz bir otel, sunduğu olanakların (odada televizyon gibi) sayısı az olduğu için düşük derecelendirilmişken, olanakları fazla olan sıradan bir otelin yıldızları daha çok olabilir. Bazı şehir ve kasabalardaki oteller de buna benzer bir sistemle belediye tarafından derecelendirilmiştir, ancak standartlar çok tutarlı olmayabilir. Derecelendirme sistemine dahil edilen bir otelin, üst kurumlarca düzenli olarak denetlendiği ve bu yüzden derecesinin belirttiği temizliği ve rahatlığı mutlaka sunacağından emin olabilirsiniz.

Hem keyfinize hem de bütçenize uygun bir otel bulabilmek için hazırladığımız listeden yararlanabilir (s. 172) ya da turizm danışma bürolarından bilgi alabilirsiniz, size bölgelere göre konaklayabileceğiniz yerlerin bir listesini (adresleri, telefon ve faks numaraları, oda sayıları ve olanaklarıyla birlikte) sağlayacaklardır. Uygun bir yer bulduysanız, işletmenin sahibinden bir sonraki durağınızda size kalacak yer önermesini rica edebilirsiniz – ya kendi deneyimine dayanarak bildiği ya da çevresinde yapılan yorumlara göre bir yeri önerecektir.

Aynı yerde bir haftadan daha uzun bir süre kalmayı planlıyorsanız, bir ev kiralamayı da düşünebilirsiniz. Bu, daha çok tatil beldelerinde mümkün olabilir; ayrıntılı bilgi için yerel turizm bürolarına danışabilirsiniz.

Ancak nerede kalırsanız kalın, fiyatlar Batı Avrupa ya da Kuzey Amerika'daki konaklamaların çok daha altında olacaktır. Kahvaltı, genellikle fiyata dahildir. İşletmelerin çoğunda tek kişilik yatak bulunur, çift kişilik tercih ediyorsanız –ki bu her zaman mümkün olmayabilir– Fransız yatak isteyin, en kötü ihtimalle iki yatak yan yana getirilir. Odaları duvardan duvara halı kaplı, büyük küvetli banyoları olan lüks otellerin dışında, oteller genellikle halısız, sade, küçük duş kabinleri ile alafranga tuvaletleri olan odalar sunar. Günümüzde bu tip turistik işletmelerde alaturka tuvaletlere rastlanmamaktadır.

ÖLÇÜ VE AĞIRLIK BİRİMLERİ

Türkiye'de metrik sistem kullanılır.

Uzaklık

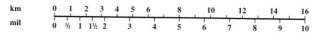

Uzunluk

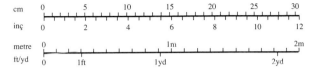

Ağırlık

Sıcaklık

P

PARAYLA İLGİLİ KONULAR

Para Birimi. Çoğunlukla TL olarak kısaltılan Türk Lirası, bugünlerde 250.000, 500.000, 1.000.000, 5.000.000, 10.000.000 ve 20.000.000'luk banknotlar olarak işlem görmektedir. Bozuk paralar ise 50.000, 100.000 ve 250.000 Türk Lirası olarak piyasada bulunmaktadır. En küçük bir alışverişte bile milyonlar telaffuz edildiği için vitrinlerde çoğu zaman 10, 20 gibi rakamlar görürsünüz, ancak bu on ya da yirmi milyon anlamına gelir.

Türk lirası, yüksek enflasyonla ve buna bağlı olarak yaşadığı krizle başa çıkabilmek son dönemlerde çok değer kaybetmiştir, henüz belirsizliğini koruyan bu durumun bir sonucu olarak da fiyatlar devamlı değişmektedir. Bu nedenle rehber kitabımızda bütün ücretleri Amerikan doları üzerinden verdik.

Türkiye

Parasal İşlemler. Bankalar çoğunlukla saat 08.30-12.00 ile saat 13.30-17.00 arasında açık (ancak son dönemde öğle tatilinde de çalışan bankaların sayısı artmıştır); Cumartesi ve Pazar günleri ise genellikle kapalıdır. Nadiren de olsa, belli başlı turizm merkezlerinde Cumartesi öğlen saatlerine kadar açık olan banka bulabilirsiniz. Şehirlerdeki büyük bankalarda ve kasabaların en azından bir bankasında döviz işlemleri yapılır. Postanelerde de çoğunlukla bir döviz bankosu vardır, ayrıca özellikle turistik yerlerde bulunan seyahat acentaları paranızı değiştirebilir.

Seyahat Çekleri ve Kredi Kartları. Her ikisi de yaygın olarak kullanılır. Ancak işletmelerin çoğu seyahat çeklerini, müşteriler açısından çok kârlı olmayacak kurlar üzerinden hesapladığı için en iyisi çeklerinizi bir döviz bürosunda bozdurup ödemelerinizi nakit olarak yapmaktır. Visa ile Master Card en yaygın kredi kartlarıdır; American Express bunlar kadar geçerli değildir.

ATM'ler (Bankamatikler). Bankamatikler sayesinde seyahatlerinizi çok daha tasasız yapabilirsiniz. Banka kartınızla dünyanın herhangi bir yerindeki bankamatikten bulunduğunuz ülkenin parasını, üstelik döviz bürolarına kıyasla daha kârlı kurlar üzerinden çekebilirsiniz. Bankamatikleri artık küçük kasaba ve tatil beldelerinde bile bulmak mümkündür, öte yandan merkezi bankanın iletişim sisteminde meydana gelebilecek arızaları da göz önünde bulundurarak büyük şehirlerin dışındaki bankamatiklere pek güvenmemek yerinde olur.

P

POLİS

Türkiye'de güvenlik güçleri birkaç kategoride hizmet vermektedir. *Polisler* adi suçların yanı sıra, trafik suçları ve kuralsız park etme (ve hatta yol soran yabancılara yardım etme) gibi günlük işlerle ilgilenir. Milli güvenlik güçleri olan *jandarmalar* eğitimlidir ve ordunun bir kolu olarak hizmet verir; görevleri ciddi suçlarla ilgilenmek, ayaklanmaları bastırmak ve devlet adamlarını korumak gibi önemli işlerdir. *Trafik polisleri* büyük kasaba şehirlerin ana caddelerindeki trafik akışını düzenler. *Belediye zabıtaları*, pazar yerleri ve alışveriş merkezlerinde dolaşarak ufak hırsızlıklar yapanları, vergisini vermeyen esnafı ve seyyar satıcıları cezalandırır. İngilizce bilen *turizm polisleri* ise turistik bölgelerden sorumludur. Türkiye'nin herhangi bir yerinden polise ulaşmak için 155'i arayabilirsiniz.

POSTANELER

Postaneleri sarı üzerine siyah renkte, büyük harflerle yazılmış PTT tabelalarından tanıyabilirsiniz. Büyük şehirlerdeki merkez postaneler saat 08.00-24.00 arasında hizmet verir, diğerleri saat 08.30-12.30 ile 13.30-17.30 arası açıktır. Posta hizmetlerinin yanı sıra postanelerden telefon edebilir, faks gönderebilirsiniz; bazılarında döviz bankoları da bulunur.

R

RESMİ TATİLLER

Çeşitli etkinliklerle kutlanan bölgesel festivallerin (s. 132) ve kurtuluş günlerinin dışında resmi tatiller şunlardır:

Yılbaşı	**1 Ocak**
Ulusal Egemenlik ve Çocuk Bayramı	**23 Nisan**
Atatürk'ü Anma Gençlik ve Spor Bayramı	**19 Mayıs**

Türkiye

Zafer Bayramı	**30 Ağustos**
Cumhuriyet Bayramı	**29 Ekim**
Atatürk'ün ölüm yıldönümü	**10 Kasım**

Ramazan Bayramı (3 gün) ve Kurban Bayramı (4 gün) da ülke çapında kutlanır, ancak günleri değişir.

S

SAAT FARKLARI

Türkiye saati, Greenwich Saati'nin (GMT) 120 dk., yani iki saat önündedir. Güneş Türkiye'de Londra'dan iki, New York'tan yedi, Los Angeles'dan on saat önce; Johannesburg'dan iki, Sydney'den dokuz, Auckland'dan on bir saat sonra doğar. Ayrıca Nisan ile Ekim ayları arasında günışığından daha çok yararlanabilmek amacıyla yaz saati uygulamasına geçilir.

New York	Londra	**Türkiye**	Sydney	Los Angeles
05.00	10.00	**12.00**	08.00	02.00

SAĞLIK VE TIBBİ BAKIM

Türkiye'ye girerken diğer ülkelerde olduğu gibi aşı kontrolünden geçmezsiniz, ayrıca ülkede insan sağlığını tehdit eden herhangi bir salgın yoktur. Seyahatiniz boyunca olağandışı bulaşıcı bir hastalıkla karşı karşıya kalma tehlikesi düşüktür, ancak yine de böylesi bir durumda ne gibi çarelere başvurulabileceğini doktorunuzdan öğrenmekte fayda var. Karşılaşabileceğiniz diğer hastalıklar da şunlar olabilir:

Kuduza kırsal bölgelerde hâlâ rastlanabilmektedir. Kuduz olduğundan şüphelenilen bir hayvan sizi ısırırsa derhal hastaneye başvurun ve aşılarınızı olmaya başlayın.

Yılan, böcek ve özellikle de akrep sokmalarına da sık rastlanır. Çalılık alanlarda, örneğin arkeolojik yerlerde, dolaşırken dikkatli olun ve kapalı ayakkabı giyin.

Kokoreç, çiğköfte ya da keçi eti gibi daha önce denemediğiniz yiyecekleri sindirim sisteminizin reaksiyon göstermesi kaçınılmazdır. Pazarlardan ve marketlerden satın aldığınız sebze ve meyveleri iyice yıkamadan yemeyin ve görünüşünden temizlik kurallarına uymadığı düşündüğünüz işletmeleri tercih etmeyin.

Bavullarınızı hazırlarken şapka ve güneşliklerinizi mutlaka alın; güneş ışınlarının zararlı olduğu 10.00-16.00 saatleri arasında güneş çarpmasından korunabilmenin en iyi yolu yüksek koruma faktörlü güneş kremleri kullanmaktır. Sinek kovucuya da ihtiyacınız olabilir. Ama bunu donanımlı eczanelerden bulabilirsiniz; eczacılar son derece eğitimlidirler; bir sorunla karşılaşacak olursanız ellerinden geleni yapmaktan ve size bir doktor önermekten memnun olacaklardır. Eczaneler çalışma saatlerinde açıktır, bunun dışında her kasaba ve mahallenin eczaneleri nöbetleşe olarak geceleri açık kalır ve Pazar günü de çalışır. Nöbetçiler, tüm eczanelerin vitrininde ilan edilir.

Mikroplara karşı zaman zaman aşırı derecede klorlanmış olsa da çeşme suyu içilebilmektedir. Ama genellikle çok ucuza satılan şişelenmiş doğal memba suları tercih etmekte fayda var. Su yerine madensuyu da içebilirsiniz. Musluk suyunu içmenizi tavsiye etmiyoruz çünkü şehir ve kasabaların su boruları çok eskidir. Ayrıca hayvan atıklarından kirlenme tehlikesi olduğundan kuyu suları da her zaman sağlıklı olmayabilir.

SUÇ ve GÜVENLİK

Türkiye ve hatta İstanbul, genel anlamda diğer Avrupa şehirlerine göre güvenli sayılsa da son zamanlarda yaşanan olaylar, bu bir zamanların haklı ününe gölge düşürmüştür. Yankesicilik ve kapkaççılık giderek yaygınlaşmaktadır; bu nedenle özellikle kalabalık çarşı ve pazar yerlerinde çok dikkatli olmalısınız, mağdurlar genellikle başta çocuklu kadınlar olmak üzere genç kızlar ve kadınlardır. Özellikle turistlere yönelik bir başka dolandırıcılık ise şöyle gelişmektedir: İstanbul'un taksi şoförleri yolculuğun sonunda paralar ödenirken el çabukluğuyla müşterinin verdiği banknotu daha küçük değerli olanlarla değiştirip paranın eksik olduğunu iddia ederler. Ödemeyi yaparken dikkatli olun; bu tip bir sorunla karşılaşırsanız ve tartışma büyürse derhal polis çağırın. Bu durumun daha da kötüsü şöyle olabilir: Biri (çoğunlukla bir erkek) yolunuzu bulmakta yardımcı olacağını iddia eder ve sizi suç ortağına doğru yönlendirir; bu kişi de sizi soymaya çalışır. Bunların dışında, kendisini arkadaş canlısı gösteren kişiler turistlerle tanışıp ilk fırsatta onların içeceklerine ilaç katarlar. İlaç etkisini yitirdiğinde ortada ne paralar ve değerli eşyalar, ne de "sevecen arkadaşlar" kalır.

Bunların dışında yabancıların uyuşturucu madde ya da değerli antika bulundurması ağır hapis cezalarını gerektiren suçlardır.

T

TELEFON

Şehir ve kasabalarda yaygın olarak bulabileceğiniz telefonlar genellikle mavi renktedir. Jeton ve telefon kartlarını gazete bayileri ile postanelerden satın alabilirsiniz, ancak jetonla çalışan telefonların sayısı çok azdır. Telefon kartları 30, 60 ve 100 kontörlük olarak üç farklı fiyatta satılır. Avrupa ülkelerine kıyasla Türkiye'de telefon konuşmaları daha ucuza gelir, şehiriçi aramaların bir dakikası birkaç sent karşılığıdır. Telefon kulübelerinden arama yaparken ahizeyi kaldırın, jetonu atın veya telefon kartınızı yerleştirin ve ulaşmak istediğiniz numarayı çevirin (jetonludan arıyorsanız numarayı kırmızı ışık söndükten sonra çevirin; ışığın sönmesi kontörünüzün olduğunu belirtir).

Şehirlerarası arama yaparken şehir kodunun önüne 0 ekleyin ve koddan sonra numarayı çevirin (örneğin başka bir şehirden İstanbul'un Avrupa yakasını arıyorsanız 0212 artı telefon numarasını çevirmeniz gerekir), ancak aynı şehir içinde arama yaparken sadece telefon numarasını çevirmeniz yeterlidir. Uluslararası aramalarda önce 00, ardından ülke kodu (ABD ve Kanada için 1, Birleşik Krallık 44, İrlanda Cumhuriyeti için 353, Avustralya için 61, Yeni Zelanda için 64, Güney Afrika için 27), sonra şehir ya da alan kodu ile numarayı çevirin.

Türkiye'deki bilinmeyen numaraları 118'den öğrenebilirsiniz.

TOPLU ULAŞIM

Çoğunlukla otobüs ve dolmuşların işlediği etkin toplu taşımacılık ağı sayesinde, gerek şehir içinde gerekse şehirlerarası ulaşımda herhangi bir sorun yaşamazsınız. Tabii, kendi aracınız olursa gezi programınızı düzenlemek daha kolay olur ama, çok ıssız bir arazide bulunan arkeolojik alana veya pek bilinmeyen bir plaja gitmek için bile toplu taşıma araçlarından yararlanabilirsiniz – yalnız seferler seyrek olabilir.

Turizm danışma bürolarından otobüs kalkış saatleri ile bilet ücretlerini öğrenebilirsiniz hatta, nereye ne zaman gitmek istediğinizi belirtirseniz size bu konuda yardımcı olacaklardır. Bunların dışında, ister büyük, ister küçük olsun her kasabanın merkezi bir yerinde bir otobüs terminali mutlaka vardır; otogar kentin dışındaysa seyahat acentalarının şehir merkezinde bulunan bürolarından kalkan dolmuşlara binebilirsiniz. Her otobüs şirketi kendi kalkış saatini ilan eder, size en uygun olanını bunlar arasından seçebilirsiniz.

Büyük kasaba ve şehirlerde yerel belediye otobüsleri işler; biletler durakların civarındaki gişelerde satılmaktadır. Şehirlerin yanı sıra kasabalarda da işleyen dolmuşlar, uzun yol otobüslerinin geçmediği köylere ulaşımı sağlar; çoğunlukla düzgün yolları kullanırlar. Duraklar genellikle "D" ile belirtilmiştir ama yolcular önceden belirttikleri takdirde istedikleri yerde inebilirler. Tatil beldelerinde bir plaja çabuk ve ucuza gitmenin en iyi yolu dolmuşa binmektir, ayrıca bir kasabadan yakınlardaki bir arkeolojik alana ya da turistik yere ulaşımınızı dolmuşla sağlayabilirsiniz. Dolmuşların yanı sıra sarı renkteki taksiler de hizmet vermektedir, ancak binmeden önce taksimetrenin açık olup olmadığını kontrol edin, taksi şoförünün nereye gitmek istediğinizi anladığından emin olun ve ondan gideceğiniz yere ne kadar tutabileceğine ilişkin ortalama bir fiyat söylemesini isteyin. Ama her durumda dolmuş çok daha ucuza gelecektir.

Hem gündüz, hem de gece sefer yapan uzun yol otobüsleri, şehirlerarası ulaşımın en önemli araçlarıdır – tren seferleri otobüslere kıyasla çok daha seyrektir, sadece İstanbul-Ankara hattındaki seçenekler etkin ve çeşitlidir. Uzun yol otobüsleri temiz, rahat ve çoğu şirket aynı güzergâhı kullandığı için güvenli bir seçenektir. Yani size sadece otobüs şirketini seçmek kalır. Bu şirketlerin otogarlarda, bazılarının ise alışveriş semtlerinde de büroları vardır. Ama otogarda fiyatları kıyaslama şansınız daha yüksek olduğu için biletinizi buradan almanızı öneriyoruz. Uzun yol otobüslerinin çoğu seferi ekspres değildir, en azından bir çay ve yemek molası verilir. Bilet fiyatları genel olarak ucuzdur, örneğin İstanbul'dan Antalya'ya gitmek için yaklaşık 20$ ödersiniz.

TURİZM DANIŞMA BÜROLARI

Türkiye'deki konaklama olanakları, turistik yerler ve turlar hakkında ayrıntılı bilgileri Türkiye Turizm Danışma Büroları'ndan öğrenebilirsiniz. Türkiye dışındakilerin adresleri şöyledir:

ABD

821 United Nations Plaza, New York, NY 10017,
Tel. 212-687-2194. 1717
Massachusetts Avenue, Washington DC, Tel. 202-429-9844.

Avustralya

3. Kat, 428 George Street, Sydney NSW 2000, Tel. 92-23-30-55.

Birleşik Krallık

170-173 Piccadilly, Londra W1V 9DD,
Tel. 170-629-7771; Faks 0170-491-0773.

Kanada

Constitution Square, 360 Albert Street, Suite 801, Ottawa,
Ontario K1R 7X7; Tel. 613-230-8654; Faks (613) 230-3683.

Türkiye'de bulunan turizm danışma büroları, yerel etkinlikler listesi gibi yurtdışındaki bürolarda bulamayacağınız, daha özel bilgiler sunarlar. Ziyaret edeceğiniz kasaba ve şehirleri belirlediyseniz, ilgili yerlerdeki turizm bürolarına yazabilirsiniz. Turistik bölgelerdeki bürolardan bazılarının adresleri aşağıdadır: Tonguç Caddesi, TRT yanı, No.11, **Antalya**; Barış Meydanı, **Bodrum**; İskele Meydanı No. 8, **Çeşme**; Talat Paşa Caddesi No. 76, **Edirne**; Meşrutiyet Caddesi No. 57, **İstanbul** (diğer bürolar Sultanahmet Meydanı ve civarındadır); GOP Bulvarı 1/1 Efes Oteli, **İzmir**; Cumhuriyet Meydanı No. 5, **Kaş**; Mevlânâ Caddesi No. 65, **Konya**; İskele Meydanı No. 2, **Marmaris**; Agora Caddesi No. 35, **Selçuk**, Park İçi, **Ürgüp**.

Bunların dışında, internette de Türkiye'ye ilişkin bilgiler bulabilirsiniz: Turizm Bakanlığı <www.turizm.gov.tr> Kültür Ba-

Türkiye

kanlığı <www.kultur.gov.tr> , Türkiye Seyahat Acentaları Birliği <www.tursab.org.tr> acentalar ve turizm etkinlikleri hakkında, <turizm.turk-info.com> ve <www.turkey.org> adresinden de yararlı seyahat bilgileri edinebilirsiniz.

U

ULAŞIM

Havayoluyla

Avrupa'dan geliyorsanız, yolun uzunluğu göz önünde bulundurulduğunda (örneğin Londra ile İstanbul arası 3.000 km'dir) en iyisi havayolunu kullanmaktır. Kuzey Amerika, Avustralya, Güney Afrika ile Avrupa'nın birçok şehrinden İstanbul Atatürk Havaalanı'na seferler düzenlenmekte ve sonra havayoluyla ya da karayoluyla aktarma yapılmaktadır. Ege kıyısını gezmeyi düşünen ziyaretçiler, denizaşırı ülkelerden Frankfurt'ta aktarma yaparak İzmir'e gelen Lufthansa'yı tercih edebilirler. Antalya havaalanı da Avrupa'dan gelen birçok havayolu şirketine hizmet vermektedir (yaz mevsimi, yılın diğer zamanlarına göre daha işlek ve kalabalıktır), burası aynı zamanda Akdeniz'e gelen ziyaretçiler için uygundur (Türkiye'deki havaalanlarına yapılan seferler için bkz. Havaalanları).

Yurtiçinde dolaşacaksanız Türk Hava Yolları'nın seferlerinden yararlanabilirsiniz, ayrıca yazın tatil beldelerini dolduran yerli ve yabancı turistler için Antalya, Bodrum, Dalaman ve İzmir seferlerinin sayısı artırılmaktadır. THY: Tel. (212) 252 11 06. Uçuşlar ve diğer hizmetlerle ilgili ayrıntılı bilgiyi <www.thy.com.tr> internet adresinden edinebilirsiniz. Şehirler, kasabalar ve tatil beldelerindeki seyahat acentalarında da yurtiçi uçak biletleri satılmaktadır.

Türkiye'nin en canlı sezonu (aynı zamanda fiyatların da yükseldiği Haziran'dan Eylül sonuna kadar sürer. Nisan-Mayıs ile Eylül ortası-Ekim sezonlarında fiyatlar son derece uygundur. Fiyatların yükseldiği bayram tatillerinin dışında Kasım'dan Mart'a kadar süren dönem ise ölü sezon olarak adlandırılır.

İndirimler. APEX, yani uçuştan 14-21 gün önce satın alınan ve bir hafta/ay boyunca geçerli olan biletler en ekonomik seçeneklerdir; üstelik hafta içi uçuşları daha da hesaplıdır. Bunun dışında en ucuz biletleri ölü sezonda bulabilirsiniz; örneğin Kasım başı ve Ocak ile Mart arası, fiyatların en düşük olduğu dönemlerdir. Avrupa dışından Türkiye'ye gelmenin hesaplı yolu, bir Avrupa havayoluyla bir Avrupa şehrine inip oradan İstanbul ya da başka bir şehre geçmek olacaktır. British Airways, KLM/Northwest, Air France, Lufthansa ve diğer yabancı havayolu şirketleri bu tip güzergâhlarda, özellikle sezon dışında, sık sık indirim uygulamaktadır (bağlı oldukları ülkede aktarma yapılabilir).

Ucuz tarifeli özel uçuşlar da tercih edilebilir. Türkiye'nin özellikle tatil beldelerine yakın Dalaman ve Antalya gibi havaalanlarına gelen özel uçuşlar genellikle Avrupa şehirlerinden yapılır. Ancak Avrupa'dan gelmiyorsanız Türkiye seferini yapan herhangi bir uçakta yer ayırtmak daha hesaplı olacaktır. Öte yandan özel uçuşların olumsuz yönlerini de göz ardı etmeyin; örneğin uçuş saatleri güvenilir olmayabilir. Bu tür şirketler genellikle bir ya da iki uçak işlettiklerinden, arıza söz konusu olduğu zaman saatlerce beklemek zorunda kalabilirsiniz. Ayrıca bu şirketler küçük çaptadır; yeterli sayıda yolcunun olmaması durumunda uçuşu iptal edebilir ya da en kötüsü, iflas edip sizi elinizde hiçbir değeri olmayan bir biletle (hatta yabancı bir ülkede) mağdur bırakabilirler.

Türkiye

Karayolu veya Demiryoluyla

Avrupa şehirlerinden İstanbul'a trenle gelebilirsiniz ancak hem yol çok uzundur (örneğin Londra'dan 72 saat) hem de trenle yolculuk yapmak havayolundan daha pahalıya patlayabilir. Aslında trenle seyahat etmenin en iyi yanı yolda birçok mola verme şansı olabilir.

Aynı şekilde Türkiye'den Avrupa'ya arabayla gitmek de günler sürebilir. Üstelik Sırbistan, Romanya ve Macaristan'dan geçerken bir yandan yolların kötü durumunu diğer yandan bölgede yaşanan politik gerginliği de göz önünde bulundurun. Bu yüzden en güvenilir güzergâh, İtalya'dan Yunanistan'a karayolundan gidip oradan denizyoluyla Türkiye'ye geçmektir – ya da tam tersi. Demiryollarıyla ilgili ayrıntılı bilgi için: <www.tcdd.gov.tr>

Denizyoluyla

İtalya'da Ancona, Bari, Brindisi ve Venedik'ten Antalya, Çeşme, İstanbul, İzmir ve diğer limanlara birçok denizyolu şirketi seferler düzenlemektedir. İstanbul Deniz Otobüsü işletmesinin <www.ido.com.tr> internet adresinden de bilgi alabilirsiniz. Ayrıca ayrıntılı bilgi için İstanbul'da bulunan Türkiye Deniz İşletmeleri'ne <www.tdi.com.tr> adresinden ve (212) 245 53 66 numaralı telefondan ulaşabilirsiniz.

Y

YAZILI ve GÖRSEL YAYINLAR

Ülkede yayınlanan bütün gazeteler günlük olarak hemen her yerde bulunur. İngiliz ve Amerikan gazetelerini ise İstanbul'un yanı sıra büyük kentlerde ve turizm merkezlerinde bulabilirsiniz. Yine İngilizce yayımlanan *Daily News, The Times* gibi dergi ve gazeteler de birçok şehir ve beldeye dağıtılmaktadır.

Bunların dışında ülkenin her yerinde FM bandında 100 ve 102 MHz arasında bulabileceğiniz, hükümete ait Turizm Radyo'dan her gün 08.30-10.30 ile 12.30-18.30 saatlerinde yayınlanan haberler ile diğer programları İngilizce dinleyebilirsiniz. TRT2'de de saat 22.30'da İngilizce haberler verilmektedir. Otellerde sağlanan kablolu yayın sayesinde dünyanın önde gelen kanallarını izleyebilirsiniz.

Önerilen Oteller

Listemizi hazırlarken seyahat keyfinizi iki katına çıkaracak otelleri seçmeye dikkat ettik. Aşağıdaki otel ve pansiyonlar kendine has özellikler taşıdıkları, iyi bir yerde bulundukları, yüksek kalitede hizmet sundukları, konforlu oldukları ve benzeri özellikleriyle öne çıktıkları için seçilmiştir. Mayıs'tan Eylül'e kadar uzanan dönem içinde hemen hemen bütün otellerde rezervasyon yaptırmak gereklidir; ama diğer zamanlarda da rezervasyon yaptırmanızı öneriyoruz.

Fiyatlar konusunda bir fikir vermek amacıyla, iki kişilik banyolu bir oda ve kahvaltı için aşağıda, çeşitli fiyat aralıklarını belirten semboller kullanılmıştır, ancak bunlar sezona göre değişebilir. Türk lirasının değeri kısa süreler içerisinde değişebildiğinden fiyatlar ABD doları cinsinden verilmiştir.

$	50$'dan az
$$	50$–80$
$$$	80$–125$
$$$$	125$–200$
$$$$$	200$'dan çok

İSTANBUL VE CİVARI

Çırağan Sarayı $$$$$ *Çırağan Cad. 84, Beşiktaş, 80700 İstanbul; Tel. (212) 258 33 77; Faks (212) 259 66 86.* İstanbul'un bu en pahalı oteli gerçekten de son Osmanlı padişahının emri üzerine Boğaziçi'nin kıyısında yapılmış bir saraydır. Göz kamaştırıcı 12 suit, orijinal binasında; teknolojik donanımlara sahip diğer odalar ise bahçelere ve yüzme havuzuna bakan yeni kanatta bulunur. Kapsamlı yenileme çalışmalarının sonucunda geçmişini başarıyla yansıtan dekorasyon, Osmanlı mobilyalarıyla da dönemi yaşatan bir karakter kazanmış. 315 odalı. Kredi kartı kabul ediliyor.

Four Seasons Hotel $$$$$ *Tevfikhane Sok. 1, Sultanahmet, İstanbul 34490; Tel. (212) 638 82 00; Faks (212) 638 85 30.* İstanbul'un hem en pahalı, hem de en ilginç otellerinden biri; çünkü burası aslında eski bir hapisaneden dönüştürülmüş. Kilimler ve kaliteli mobilyalarla döşenmiş güzel banyolu lüks odalardan bazıları bir zamanların hapishane avlusuna, bazılarıysa Marmara Denizi'ne bakıyor. Camla kapatılmış teras restoranı ile sağlık merkezi hizmet veriyor. 65 odalı. Kredi kartı kabul ediliyor.

Galata Residence $$$$ *Felek Sok. 2, Bankalar Cad., Galata 80020 İstanbul; Tel. (212) 245 03 19; Faks (212) 244 23 23.* Galata Kulesi'nin yakınlarında 19. yüzyıl sonundan kalma bir binada bulunan bu kendine özgü, biraz da pahalı otelin tek ve çift kişilik mutfaklı suitleri çocuklu konuklar için bir tercih nedeni olabilir. 'Eski Dünya' atmosferi taşıyan suitler klimalı ve modern banyolar gibi teknolojik olanaklarla donatılmış. 15 suit. Kredi kartı kabul ediliyor.

Pera Palas $$$$ *Meşrutiyet Cad. 98, Tepebaşı, 80050 İstanbul; Tel. (212) 251 45 60; Faks (212) 251 40 89.* İstanbul'un bu en eski oteli, Doğu Ekspresi yolcularının konaklayabilmesi amacıyla 19. yüzyılın son günlerinde yapılmış. Mekânda hâlâ geçmiş günlerin zarafeti ve göz kamaştırıcı dekorasyonu hâkim. Büyük ve ferah odaların bazılarında boyanın yeni olduğu fark edilse de antika mobilyaları, eski banyoları ve gıcırdayarak çalışmaya devam eden kafesli asansörüyle Pera Palas, konuklarını Osmanlı İmparatorluğu'nun son günlerine götürmeyi başarıyor. Ne de olsa burası Mata Hari ve Greta Garbo gibi ünlü kişiliklerin kaldığı bir otel. 145 odalı. Kredi kartı kabul ediliyor.

Yeşil Ev $$$$ *Kabasakal Cad. 5, Sultanahmet, İstanbul 34400; Tel. (212) 517 67 86; Faks (212) 517 67 80.* Turing ve Otomobil Kulübü'nün Sultanahmet'teki en keyif verici ve özgün otellerinden Yeşil Ev, eski İstanbul'a çok yakın, sakin bir

Türkiye

sokak üzerinde yer alan eski bir konakta bulunuyor. Antika yatak başlarının yanı sıra, 20. yüzyılın başından kalma cephaneler gibi alışılmadık objelerle dekore edilen odalar çeşitli olduğu için rezervasyon yaptırırken tercihinizi bildirebilirsiniz. Odaların çoğu yeşil arka bahçeye bakıyor. Otelin tek suitinde ise küçük bir hamam var. 19 odalı. Kredi kartı kabul ediliyor.

Ayasofya Pansiyonları $$$ *Soğukçeşme Sok., Sultanahmet, İstanbul 34400; Tel. (212) 513 36 60; Faks (212) 513 36 68.* Turing ve Otomobil Kulübü'nün Sultanahmet'te bulunan otellerinden Ayasofya Pansiyonları, Topkapı Sarayı'nın yakınlarındaki restore edilmiş bir dizi şirin ahşap evde yer alıyor. Odalar biraz küçük olsa da pirinç yataklar ve 19. yüzyıldan kalma güzel mobilyalarla zevkli bir şekilde döşenmiş. 57 odalı. Kredi kartı kabul ediliyor.

Konuk Evi $$$ *Soğukçeşme Sok., Sultanahmet, İstanbul 34400; Tel. (212) 513 36 60; Faks (212) 513 36 69.* Ayasofya Pansiyonları'nın bitişiğinde yer alan ve aynı kuruluş tarafından işletilen bu süslü Osmanlı konağı konuklarına çok daha samimi bir ortam sunuyor. Ferahlatıcı bahçesi de son derece dinlendirici. 12 odalı. Kredi kartı kabul ediliyor.

Hotel Empress Zoë $$ *Akbıyık Cad., Adliye Sok. 10, Sultanahmet, İstanbul 34400; Tel. (212) 518 43 60; Faks (212) 518 56 99.* Güzel kumaşlarla döşenmiş iç mekânı ve Amerikalı sahibi Ann Nevans'ın misafirperverliği bu küçük oteli, bazı ziyaretçilerin değişmez seçimi yapmış. Bütün odalar çok konforlu ancak odalara dar bir spiral merdivenden çıkılıyor. Normal odalardan biraz daha fazla para verip, eski İstanbul ile Marmara Denizi'nin nefes kesen manzarasını önünüze seren geniş terasıyla tavanarasındaki odayı tutmaya değer. Rezervasyon zorunlu. 17 odalı. Kredi kartı kabul ediliyor.

Sarı Konak Oteli \$\$ *Mimar Mehmet Ağa Cad. 42-46, Sultanahmet, İstanbul 34400; Tel. (212) 638 62 58; Faks (212) 517 86 35.* Restore edilmiş Osmanlı konak ve yalılarında her gün yeni bir otel açılsa da bu küçük ve kendine has aile işletmesi, diğerlerinin arasından hemen sıyrılıyor. Odalar oldukça sade fakat büyük bir zevkle döşenmiş, çoğunun küçük balkonu Marmara Denizi'ne bakıyor. Ama en güzel manzara, kahvaltı ile hafif yiyecek ve içeceklerin servis edildiği çatı katındaki terasta. 17 odalı. Kredi kartı kabul ediliyor.

ADALAR

Splendid Hotel \$\$\$ *Nisan Cad. 23, 81330 Büyükada; Tel. (216) 382 69 50; Faks (216) 382 67 75.* İstanbul'un karmaşasından uzaklaşıp yine de o eski havayı solumak istiyorsanız takımadaların en büyüğünde, güzel bahçelerin kucağında yer alan bu ahşap, 19. yüzyıl hanına gelin. Odalar son derece geniş; üstün teknolojik olanaklar sunulmasa da antika mobilyalar ve Victoria dönemi atmosferi bu açığı büyük ölçüde gideriyor. Splendid, hafta sonları çok kalabalık olduğundan rezervasyonunuzu yeterince önceden yaptırın. Kasım'dan Mart'a kadar kapalı. 70 odalı. Kredi kartı kabul ediliyor.

EDİRNE

Rüstem Paşa Kervansarayı \$\$ *İki Kapılı Han Cad. 57, 22800 Edirne; Tel. (284) 225 21 25; Faks (284) 212 04 62.* Osmanlı İmparatorluğu'nun köklü geçmişinden payına düşeni almış olan, şehrin en iyi oteli 15. yüzyıldan kalma. Genel olarak gösterişten çok işlevselliğe önem verilmiş, odalar büyük ölçüde konforlu ve kendine has. Bir zamanlar develerin bağlandığı avluda, günün yorgunluğunu atabileceğiniz son derece keyifli bir bahçe bulunuyor. 79 odalı. Kredi kartı kabul ediliyor.

MARMARA VE EGE KIYILARI

Behramkale

Assos Kervansarayı $$ *Behramkale, Ayvalık 17860; Tel. (286) 721 70 93; Faks (286) 721 72 00.* Denizin hemen kıyısında, antik kalıntıların yanı başında yer alan Behramkale Troya, Gelibolu ve Ege kıyısının güzelliklerini keşfetmek için en ideal yer. Deniz kenarında, taştan yapılmış bu yeni otel ise güzel bir plaja bakıyor. Nefis manzaraları gören sade ancak konforlu odalarıyla hem civardaki en kaliteli konaklama yeri, hem de küçük limanın çok yakınlarında. 44 odalı. Kredi kartı kabul ediliyor.

Bodrum

Lavanta Hotel $$$ *Yalıkavak, Bodrum, 48430; Tel. (252) 385 21 67; Faks (252) 385 22 90.* Eldeğmemişliğini hâlâ koruyan Yalıkavak köyünün kayalık tepesinde, marinaya yukarıdan bakan, bahçeler içindeki bu şirin otel, Bodrum'un gürültü ve kalabalığından kilometrelerce uzakta. Her biri zevkle ve birbirinden farklı dekore edilmiş geniş ve havadar odaları teraslı. Çoğu, mutfaklı apart-otel şeklinde. Ev yapımı lezzetli yemekleri salonda ya da yüzme havuzuna bakan terasta alabilirsiniz. 19 odalı. Kredi kartı kabul ediliyor.

Bursa

Kervansaray Termal Hotel $$$$ *Çekirge Meydanı, 16080 Bursa; Tel. (224) 233 93 00; Faks (224) 233 93 24.* Bursa'nın (şu günlerde yenilenmekte olan Çelik Palas'tan sonra) en konforlu otelinin, şehrin sıcak su kaynaklarıyla doldurduğu yüzme havuzunda ya da yüzlerce yıllık hamamında ferahlayabilirsiniz. Tam donanımlı modern odaları, kalabalıktan kaçmak ve yorgunluğunuzu atmak için birebir, hem de etrafın yemyeşil manzarasını görüyor. 244 odalı. Kredi kartı kabul ediliyor.

İzmir

İzmir Hilton $$$$$ *Gaziosmanpaşa Bulvarı 7, 35210 İzmir; Tel. (232) 441 60 60; Faks (232) 441 22 77.* Ünlü oteller zincirinin bir halkası olan İzmir Hilton, iş dünyasının önemli kişiliklerini ağırlamasıyla ünlü. Kendine özgü, hoş özellikleri olan konaklama olanaklarından yoksun bir şehrin iş hayatı merkezli oteli olarak konuklarını çok-katlı atriyumu, yüzme havuzu, sağlık merkezi, ilgili servisi ve tam donanımlı güzel odalarıyla etkilemeyi başarıyor. 381 odalı. Kredi kartı kabul ediliyor.

Kuşadası

Club Kervansaray $$ *Atatürk Bulvarı 2, 09400 Kuşadası; Tel. (256) 614 41 15; Faks (256) 614 24 23.* Bu kadar otantik bir oteli, yakın çevrede bulmak imkânsız. 300 yıllık bir handa bulunan otelin avlusu, muhteşem bir bahçeyi gizliyor (ancak yaz gecelerinde, bitişikteki gece kulübünün müzik sesi buraya kadar taşıyor). Cilalanmış ahşap zemini, şömineleri, güzel kilimleri ve benzeri otantik eşyalarıyla odaların orijinalliği korunmuş. 26 odalı. Kredi kartı kabul ediliyor.

Kısmet $$$ *Akyar Meydanı, Türkmen Mah., 09400 Kuşadası; Tel. (256) 618 12 90; Faks (256) 618 12 95.* Yıllar boyunca konuklarının gözünden düşmeyen Kısmet, son padişahın torunlarından olan, ilk sahibi ve aynı zamanda müdürünün vefatından sonra bile kişiliğini korumaya devam ediyor. Bir villayı andıran otel güzel bahçelerin kucağında, esintili bir burnun ucunda. Çoğu balkonlu olan odalarından bazıları işlek limana, bazıları da açık denize bakıyor. Odalar çok iyi dekore edilmiş olmasa da konforu, nefes kesen manzarası, yüzme havuzu, özel plajı ve canayakın servisiyle bu açığını fazlasıyla kapatıyor. Üstelik hizmetin ve konaklamanın kalitesiyle karşılaştırıldığında fiyatlar çok iyi. 96 odalı. Kredi kartı kabul ediliyor.

Pamukkale

Koray Hotel $$ *Karahayıt, 20027 Denizli; Tel. (258) 272 23 00; Faks (258) 272 22 22.* Bu küçük hanın mütevazı havası son derece cazip. Bembeyaz odaları sessiz ve dinlendirici. Çoğunlukla kalabalık olan travertenlerin çok yakınında bulunması nedeniyle otelin havuzda kalmayı tercih edebilirsiniz. 35 odalı. Kredi kartı kabul ediliyor.

Selçuk

Kale Han $$ *İzmir Cad. 49, 35920 Selçuk; Tel. (232) 892 61 54; Faks (232) 892 21 69.* Güzel bahçelerin çevrelediği bu etkileyici han, bir Selçuklu kalesine sığınmış. Antika eşyalar ve ilgi çekici objeler kullanılarak büyük bir zevkle dekore edilmiş. Ephesos yıkıntılarında bütün gün dolaştıktan sonra Kale Han'ın havuzunda yorgunluk atıp rustik restoranında servis edilen mükemmel yemeklerin tadını çıkarabilirsiniz. 55 odalı. Kredi kartı kabul ediliyor.

AKDENİZ KIYISI

Antalya

Sheraton Voyager Antalya $$$ *100 Yıl Bulvarı, 07100 Antalya; Tel. (242) 243 24 32, Faks (242) 243 24 62.* Otelin büyük ve tam donanımlı odalarından birine yerleşir yerleşmez dışarıdaki dünyayla bağınız kopabilir, ama bu rahatlığa çabuk alışacağınızdan şüpheniz olmasın. İlginç bir şekilde tasarlanmış otelin odaları geniş balkonlarından denize bakıyor; aşağıda ise dereler, bahçeler ve büyük havuzu görüyorsunuz. Ayrıca plaja otelin servisleri işliyor. 395 odalı. Kredi kartı kabul ediliyor.

Marina Residence $$$ *Mermerli Sok. 15, 07100 Kaleiçi, Antalya; Tel. (242) 247 54 90, Faks (242) 241 17 65.* Son yıllardan bu yana, özellikle Antalya'nın tarihi limanı civarındaki eski evler sevimli hanlara ve otellere dönüştürülüyor. Marina da bunların en güzellerinden biri. Avlusundaki yüzme havuzu, hızla gelişen bu şehirde bir vaha gibi. Cumbaları, freskli tavanları, güzel kilimleri ve Osmanlı antikalarıyla otelin ortak kullanım alanları bir harika; odalar ise rahat ve otantik. 42 odalı. Kredi kartı kabul ediliyor.

Belek

Tatbeach Golf Hotel $$$ *Belek; Tel. (242) 725 40 80, Faks (242) 725 40 99.* Özel amaçlı bir tatil beldesi olan Belek bütün zamanını nefis bir kumsalda güneşlenip golf oynayarak ve civardaki antik kentleri gezerek geçirmek isteyen tatilciler için düşünülmüş. Alışılmadık derecede geniş odaları, üç yüzme havuzu, tenis kortları ve golf sahası gibi olanaklarıyla Tatbeach, Belek'in yeni otellerinin en seçkinlerinden. 305 odalı. Kredi kartı kabul ediliyor.

Kalkan

Kalkan Han $$ *Köyiçi, 07960 Kalkan; Tel. (242) 844 31 51; Faks (242) 844 20 59.* Küçük ve şirin Kalkan köyü, böyle sıcakkanlı ve samimi bir havanın hâkim olduğu bir han için herhalde en ideal yerlerden biri. Ahşap balkonları ve ahşap zeminli kar beyazı odalarıyla Kalkan Han, ödediğiniz paranın karşılığını veriyor. Hanın en güzel yeri, limanın harika manzaralarını sunan çatı katındaki terası. Buranın değerini en iyi, hanın devamlı müşterileri olan gezginler biliyor. Odalar çoğunlukla küçük suitler şeklinde. Kasım-Nisan arası kapalı. 10 odalı. Kredi kartı kabul ediliyor.

Kaş

Sardunya Otel $ *Hastane Cad, 07580 Kaş; Tel. (242) 836 30 80, Faks (242) 836 30 82.* Limandan Roma tiyatrosuna kadar uzanan sokağın üzerinde yer alan bu küçük otel, özellikle tatilini Kaş'ta geçiren ailelerin tercih edeceği tarzda olanaklara sahip. Gösterişsiz ama çok konforlu, abartısız ama son derece samimi. Odaların çoğu sokağın karşı tarafında bulunan yeni binada yer alıyor; bunlar, ahşap mobilyalarla yalın bir şekilde döşenmiş, küçük balkonları olan, klimalı ve duşlu odalar. En güzel manzaralı odaları ise deniz kenarındaki binada bulunuyor. 15 odalı. Kredi kartı kabul ediliyor.

Marmaris

Grand Azur $$$ *Kenan Evren Bulvarı 13, 48700 Marmaris; Tel. (252) 417 4050; Faks (252) 417 40 60.* Tam donanımlı tatil köylerinin çok sayıda bulunduğu bu kalabalık ve hareketli turizm merkezinde, Marmaris Burnu üzerine kurulan bu yeni kompleksin benzerlerinin arasında en büyüğü ve en kalitelisi olduğu söylenebilir. Kocaman bir okyanus gemisini andıran tasarımıyla Grand Azur, özel plajının ve palmiye ağaçlarının serin gölgesinde kalan kıvrımlı yüzme havuzunun arkasında yükseliyor. Bu ortam, çocuklara özel programları ve su sporları olanaklarıyla birlikte, hiç kuşkusuz en çok ailelerin hoşuna gidecek cinsten. Odalar fazla özellikli olmasa da son derece konforlu. 284 odalı. Kredi kartı kabul ediliyor.

Side

Hanımeli Pansiyon $ *Side; Tel. ve Faks (242) 753 17 89.* Kıyıya yakın ağaçlık bir sokakta bulunan taştan yapılmış bu küçük ve şirin otel, kalabalık Side'den farklı bir dünyaymış hissini uyandırsa da, kasaba merkezinden yalnızca birkaç dakikalık yürüyüş mesafesinde. Harika deniz manzaralarını gören odalarda sadece temel ihtiyaçlar sunulmuş. İyi havalarda güzel çiçeklerle dolu bahçesi hem kahvaltı, hem de dinlenme salonu oluyor. Side'de bu kadar keyif verici bir yer daha bulmak imkânsız, bu nedenle rezervasyon yaptırmanızda fayda var. 12 odalı. Kredi kartı kabul ediliyor.

KAPADOKYA VE ORTA ANADOLU

Göreme

Osmanlı Evi \$ *Uzundere Cad. 21, 50180 Göreme; Tel. (384) 271 26 16, Faks (384) 271 23 51.* Bu eski ev, mağara evler kadar olmasa da, Göreme'nin en ilginç yapılarından biri. Burayı bir Türk ve Avustralyalı çift işletiyor. Gösterişsiz bir şekilde dekore edilmiş olsa da odalara, yöreye özgü el dokumaları ve kilimlerle otantik bir hava verilmiş. Halı, kilim gibi elişlerinden almak isterseniz otelin, sokağın sonunda bulunan dükkânına da uğrayabilirsiniz. Peribacalarının muhteşem manzarasını gören çatı katı restoranının yanı sıra, Göreme'nin en gözde eğlence mekânlarından, aşağı kattaki Harem bara gidebilirsiniz. 33 odalı. Kredi kartı kabul ediliyor.

Güzelyurt

Otel Karballa \$ *Çarşı içi Güzelyurt; Tel. (382) 451 21 03, Faks (382) 451 21 07.* Mağara kiliselerin en ilginçlerine ev sahipliği yapan Ihlara Vadisi'nin biraz doğusunda bulunan Güzelyurt diğer köylere kıyasla daha az ziyaret ediliyor. Merkezinde yer alan bu 19. yüzyıl tarihli manastır, son derece konforlu harika bir hana dönüştürülmüş. Odaların çoğu bir zamanlar keşişlerin kaldığı tonozlu hücrelerde bulunuyor; üstelik (alttaki oturma, üstteki yatak odaları olmak üzere) iki katlı. Yemekler manastırın eski yemekhanesinde servis ediliyor. Yüzme havuzu ise ağaçlık bahçenin ucunda. 20 odalı. Kredi kartı kabul ediliyor.

Konya

Otel Selçuk \$\$ *Alaadin Cad. 4, Konya; Tel. (332) 353 25 25, Faks (332) 353 25 29.* Konya, lüks konaklama olanaklarının bulunduğu bir şehir değil, ama bu kendi halindeki modern otel benzerleri arasında en iyisi. Otel, şehrin en önemli turistik mer-

Türkiye

kezi olan Mevlânâ Müzesi'ne çok yakın. Odalar klimalı, ayrıca kablolu televizyon da var. 78 odalı. Kredi kartı kabul ediliyor.

Üçhisar

Les Maisons de Cappadoce $$$ *Belediye Meydanı, 24, 50240 Üçhisar; Tel. ve Faks (384) 219 27 82.* Bir Fransız mimarın son derece zevkli bir şekilde restore ettiği köy evleri, biraz lüks olmakla birlikte konuklarını, dünyanın gerçeküstü bir coğrafyasında gizli köşelerini keşfettikleri hissine sürüklüyor. Evlerde altı kişi rahatça konaklayabiliyor, bu bakımdan küçük arkadaş grupları ve aileler için ideal. Son derece hoş bir şekilde döşenmiş mutfaklı evler, bakımlı bahçeler içerisinde. Bahçıvan, evinizin önündeki yeşilliklerle ilgileniyor ve yönetim siz gelmeden buzdolabınızı yiyeceklerle dolduruyor. Burada dört geceden daha az kalmak mümkün değil. 2 apart daire ile altı evden oluşuyor. Sadece nakit kabul ediliyor.

Ürgüp

Esbelli Evi $$ *Esbelli Sokak 8, 50400 Ürgüp; Tel. (384) 341 39 95, Faks (384) 341 39 95.* Şirin Ürgüp'ün merkezine birkaç dakikalık yürüyüş mesafesinde bulunan bu hanın hoş sohbet, misafirperver sahibi Süha Ersöz, konuklarını dostlarının evindeymiş gibi hissettirmek için elinden geleni yapıyor. Yamaçlara bölük pörçük yapılmış olan eski evleri güzel ve rahat mobilyalarla donatıp keyifli mekânlara çevirebilmek, teraslarla ve taş merdivenlerle birbirlerine bağlayabilmek için çok emek harcamış. Osmanlı tarzındaki tonozlu salon, antikalar ve güzel halılarla döşenmiş; üstelik böylesi keyifli bir yerde dinlenirken içeceğiniz çay ya da kokteyller ücretsiz. Hatta konuklar kimseye sormadan mutfağa girip kendilerine hafif yiyecekler hazırlayıp, çamaşır makinasını kullanabiliyorlar. Kendinizi evinizde hissedebilmeniz için bütün olanaklar sağlanmış. 9 odalı. Kredi kartı kabul ediliyor.

Önerilen Restoranlar

Bu listede önerilen restoranlar, yöresel yemek deneyimini yaşatabilecek mekânlar arasından, çeşitli fiyat aralıkları göz önünde bulundurularak seçilmiştir. Tatil beldelerinde seçenekler son derece zengin olduğundan, ağız tadıyla yemek yemekten mahrum kalmayacaksınız.

Restoranlar, aksi belirtilmedikçe, her gün öğle ve akşam yemeği saatlerinde açıktır. Genel olarak 12/12.30 ve 14.30/15.00 ile 19/19.30 ve 22/22.30 saatleri arasında yemek servis edilir. Yaz aylarında tatil beldelerindeki restoranların çoğu gece kuşlarına içecek servis edebilmek için sabahın erken saatlerine kadar açık kalır.

Pek çok restoranda servis kaliteli ve sıcakkanlıdır. Bunun karşılığı olarak memnuniyetinizi belirtmek isterseniz, hizmet bedeli faturaya eklenmiş olsa bile, hesabın % 10-15'ini bahşiş olarak bırakabilirsiniz.

Fiyatlar konusunda fikir vermesi açısından, şarap ya da alkollü bir içecek hariç, bir öğünlük yemeği belirtmek için aşağıdaki sembolleri kullandık.

$	10$'dan az
$$	10$–15$
$$$	15$–25$
$$$$	25$'dan çok

İSTANBUL

Asitane $$ *Kariye Oteli, Kariye Cami Sok. 18, Edirnekapı, Tel. (212) 534 84 14.* Topkapı Sarayı mutfağının tariflerini kullanan Asitane'nin lezzetli ve ilgi çekici Osmanlı yemekleri mevsimlik, hatta günlük olarak değişiyor. Frenküzümlü kuzu eti, üzümlü ve cevizli tavuk ile safranlı çorba mönüde bulunan güzel se-

183

Türkiye

çenekler arasında sayılabilir. Restoranın avlusu bir harika, klasik Türk müziği ise lezzetini kolay kolay unutamayacağınız bir yemek için mükemmel bir final. Kredi kartı kabul ediliyor.

Cennet $ *Divanyolu Cad. 90, Çemberlitaş, Tel. (212) 513 14 16.* İstanbul Üniversitesi'nin yakınlarında bulunan bu restoranda hafif yemeklerin sunuluyor. Yerel giysiler içindeki hanımların gözlemeler pişirdikleri yerin etrafında, alçak masalarda oturup börek ve gözlemelerden yiyorsunuz. Mönüde zengin meze çeşitleri de var, ayrıca günlük olarak değişen et ve sebze yemekleri servis ediliyor. Canlı müzik gece saatlerinde. Gündüz geç açılıyor. Sadece nakit kabul ediliyor.

Çiçek Pasajı $ *İstiklal Caddesi, Beyoğlu.* Çiçek pasajının otantik kemerlerinin altında bir sürü restoran dizili. Pasajın içindeki sıralarda oturuyorsunuz ve yemeğiniz tezgâhlardan servis ediliyor. Ortam pek gösterişli değil, mezelerle ızgara kuzu ya da tavuk da hayatınızın en leziz yemekleri olmayabilir ancak, tarihi Çiçek Pasajı'na bir kez olsun gidip benzersiz atmosferinde güzel bir yemek yemeye değer. Sadece nakit kabul ediliyor.

Darüzziyafe $$ *Şifahane Cad. 6, Tel. (212) 511 84 14.* Süleymaniye Camisi'nin eski çorbacısının yemek salonunda bulunan bu restoranda yemeğinizi padişahlar gibi yersiniz – ya da en azından Darüzziyafe'nin amacı size bunu yaşatmak. Otantik Osmanlı mutfağına sadık kalmaya çalışan mönüden bunu anlamak mümkün. Kredi kartı kabul ediliyor.

Fırat $$ *Çakmaktaş Sokak 11, Kumkapı, Tel. (212) 517 23 08.* Yolunuz, er ya da geç Kumkapı'nın deniz kenarına dizilmiş balık restoranlarına düşecektir. En iyisi Fırat'a gelin. Burada taze balıklar, baharatlı soslar eşliğinde ızgarada ya da fırında pişiriliyor. Günlük hazırlanan mezeler ve salatalar hem çok çeşitli, hem de çok leziz. Kredi kartı kabul ediliyor.

Kathisma $$ *Yeni Akbıyık Cad. Sultanahmet, Tel. (212) 518 97 10.* Tıpkı bu civarda bulunan oteller gibi, bu restoran da, eski bir Osmanlı konağında bulunuyor. Cilalı ahşap zemini, duvarındaki dokumalar, süslemeler ve rengârenk divanlarıyla samimi ve çekici bir atmosferi var. Türk mutfağının güzel örnekleri de tadına doyamayacağınız kadar lezzetli. Kredi kartı kabul ediliyor.

Pandeli $$ *Mısır Çarşısı. Tel. (212) 527 39 09.* Sadece öğle yemeklerinde servis yapılıyor. Pazar günleri kapalı. Kelimenin tam anlamıyla bir İstanbul işletmesi olan bu otantik restorana çarşının girişindeki merdivenlerden ulaşıyorsunuz. Geleneksel lezzetli meze çeşitleri, güveçleri ve ızgara et çeşitleri son derece iştah açıcı. Sıcakkanlı bir servis sunan garsonları uzun yıllardır burada çalışıyor. Sadece nakit kabul ediliyor.

Sarnıç $$$$ *Soğukçeşme Sok. Sultanahmet, Tel. (212) 512 42 91.* Genellikle, modern Avrupa mutfağından örnekler sunuluyor, ancak buraya yemeklerin yanı sıra atmosferi yaşamak için de gelmeye değer. Yemek salonu, mumlarla aydınlatılmış olan bir Bizans sarnıcının derin köşelerinde yer alıyor. Sultanahmet'te bulunan otellere yakın olduğu için rezervasyon yaptırmak gerekli. Gündüzleri geç açılıyor. Kredi kartı kabul ediliyor.

MARMARA VE EGE KIYILARI

Ayvalık

Canlı Balık $$ *On Ayvalık İskelesi.* Eski kasabanın daracık sokaklarında dolaşıp denizin ve güzel manzaranın da tadını çıkardıysanız, sıra kıyının bu bölümüne sıralanmış kaliteli ve samimi balık restoranlarından birinde ziyafet çekmeye gelmiş demektir. Restoranın spesiyalitesi olan taze balıkları mezeler ve salatalar eşliğinde yerken denizde salınan balıkçı teknelerini seyredebilirsiniz. Sadece nakit kabul ediliyor.

Türkiye

Bodrum

Antique Theater \$\$\$ *Kıbrıs Şehitleri Cad. 243, Tel. (252) 316 60 53*. Bodrum'un en romantik köşelerinden biri olan restoranda rezervasyon yaptırmakta fayda var. Burada yemeğinizi havuz başında, Bodrum Kalesinin harika manzarası eşliğinde yiyebilirsiniz. Mönüde Fransız ve Akdeniz mutfaklarının etkileri hissediliyor. Kredi kartı kabul ediliyor.

Restaurant Han \$\$\$ *Kale Cad. 29, Tel. (252) 316 79 51*. Bu eski kervansarayın ağaçlık avlusu, Bodrum gibi canlı bir tatil beldesinin kalabalığından uzaklaşmak için ideal ortamlardan biri. Ortamına göre fiyatlar biraz yüksek sayılabilir ancak ızgara balık ve kebaplarının tadına doyum olmuyor. Yemeğinize müzik ve göbek dansı da eşlik edebilir. Kredi kartı kabul ediliyor.

Bursa

Cumurcul \$\$ *Çekirge Cad. Tel. (224) 235 37 07*. Bursa'nın en sevilen restoranlarından biri olan Cumurcul, Çelik Palas'ın karşısındaki eski bir Osmanlı evinde bulunuyor. Izgarada veya fırında balık, mönünün lezzetleri arasında. Yemekler kışın, kuytu köşesi masalarla donatılmış salonlarda, yazın ise arka bahçede servis ediliyor. Kredi kartı kabul ediliyor.

Hünkâr Döner Kebap \$ *Yeşil Cad. Yeşil Cami'nin önü*. Her yerde döner yiyebilirsiniz, ama her zaman Yeşil Cami'nin önündeki avluda yeme şansınız olmaz. Bursa'yı gezerken mola vermek için çok iyi bir yer. Sadece nakit kabul ediliyor.

İzmir

Deniz \$\$ *Atatürk Cad. 188 (İzmir Palas Hotel), Tel. (232) 422 06 01*. İzmir'in en iyi deniz ürünleri restoranlarından biri. Kılıçbalığı kebabı gibi fırında balık ve sebze yemeklerinin tadına doyamayacaksınız. Kredi kartı kabul ediliyor.

Kuşadası

Ali Baba $$ *Belediye Turistik Çarşısı 5, Tel. (256) 614 15 51.*
İlgili servisi ve yemekleriyle deniz kıyısındaki bu restoranın bu
kadar kalabalık olmasına şaşmamak gerek. Yemeğinizi, girişte
sergilenen günlük balıklardan seçebilir, ana yemek servis edile-
ne kadar ahtapot ve kalamar gibi mezelerden atıştırabilirsiniz.
Rezervasyon gerekli. Kredi kartı kabul ediliyor.

AKDENİZ KIYISI

Antalya

Kral Sofrası $$$ *Yat Limanı. Tel. (242) 241 21 98.* Antal-
ya'nın kaliteli restoranlarının çoğu tarihi limanı çevreleyen so-
kaklar ağında yer alır. Bir Osmanlı konağında bulunan Kral Sof-
rası da, bunların en güzellerinden biri. Güzel havalarda bahçe-
deki masalardan birini tercih edebilirsiniz, ama antika eşyalarla
dekore edilmiş salonlar da zevkli. Mönü, deniz ürünleri ağırlık-
lı. Kasım-Mart arası kapalı. Kredi kartı kabul ediliyor.

Dalyan

Denizatı $$ *İskele Meydanı, Tel. (252) 284 20 79.* Dalyan'ın
en eski restoranlarından biri olan Denizatı'nın sahipleri, ortamı
büyük bir başarıyla değerlendirmekte ustalar. Deniz kenarında-
ki masalar, nehrin karşısında kalan aydınlatılmış kaya mezalara-
ra bakıyor. Mönü günlük balıklardan oluşturulmuş. Kasım-Ni-
san arası kapalı. Kredi kartı kabul ediliyor.

Fethiye

Meğri $$ *Eski Cami Geçidi, Likya Sok. 8-9, Tel. (252) 614 40
46.* Akdeniz kıyısını gezerken, bu şirin kasabada bir mola verip
güzel restoranında kendinize bir ziyafet çekin. Pazar yerinde,
eski bir ambarda bulunan Meğri'de deniz ürünlerinden hazırla-
nan yemekler son derece zengin. Kredi kartı kabul ediliyor.

Kaş

Chez Evi $$$ *Terzi Sok. 2, Tel. (242) 836 12 53.* Kaş'a gelen ziyaretçilerden bazıları her akşam yemeğini burada yer; buraya bir kere geldikten sonra siz de aynısını yapabilirsiniz. Bahçesi çok güzel; mönü ise Fransız taşra mutfağı ile Türk mutfağının lezzetli bir bileşimi. Kasım-Mart arası kapalı. Kredi kartı kabul ediliyor.

Marmaris

İstanbul Restaurant $ *Kemeraltı Cad. 4, Tel. (252) 413 45 23.* Limana dizilmiş restoranlarıyla Marmaris'te aradığınız her çeşit yiyeceği bulabilirsiniz. Kalenin gölgesinde, taşla döşeli dar bir sokakta yer alan bu küçük restoran, mütevazı havasıyla öne çıkmayı başarmış. Fazla çeşitli olmayan yemekler üst katta, samimi bir ortamda servis ediliyor. Sadece nakit kabul ediliyor.

KAPADOKYA

Ürgüp

Eski Yunan Evi $ *Mustafapaşa, Tel. (384) 353 53 45.* Ürgüp'ün yakınlarında bulunan bu şirin köyde, ev yemeklerinin sıradışı bir ortamda servis edildiği Eski Yunan Evini bulacaksınız. Hem restoran hem otel olan bu evde, freskler ve paneller özenle korunmuş. Mönüde yerel mutfağın yemekleri var. Avlunun bir köşesinde bulunan hamamda yemekten önce yorgunluk atabilirsiniz. Kredi kartı kabul ediliyor.

Şömine Kafe ve Restoranları $$ *Ana Meydan, Tel. (384) 341 84 42.* Bu kaliteli restoranda Kapadokya'nın en iyi yemekleri kasabaya bakan terastaki uzun masalarda servis ediliyor. Kapadokyalı aileleri turistlerle aynı masada görmek mümkün. Yörenin etli ve sebzeli güveçleri ile kebapları son derece lezzetli. Kredi kartı kabul ediliyor.

DİZİN